성령사역으로의
초대

성령의 능력과 은사의 나타남

성령사역으로의
초대

초판 제1쇄 2008.3.10.

지은이 | 이강천
펴낸이 | 정성민
펴낸곳 | 푸른초장

등록번호 | 제387-2005-00011호(2005년 5월 17일)
소재지 | 경기도 부천시 중동 702번지 3층
　　　　　TEL 032)664-1544(푸른초장), 010-6233-1545
출판유통 | 하늘유통 031)947-7777, FAX 031)947-9753
인쇄처 | 우림문화사

책값은 뒤표지에 있습니다.
ISBN 978-89-92817-19-6　　　03230

독자의 의견을 기다립니다.
sungjeong@hotmail.com

성령의 능력과 은사의 나타남

성령사역 으로의 초대

이강천 지음

푸른초장

"전도가 안된다. 교회성장이 너무 어렵다." 이것이 오늘날 한국교회의 현실인 것 같습니다. "과연 한국교회는 더 이상 부흥하고 성장하는 일이 불가능한 것인가?" "예배는 형식화되고 화석화 되고 있다. 예배가 재미도 없고 감격도 없고 의미도 없다." 이러한 이야기들이 심심치 않게 회자되는 것도 한국교회의 현실인 듯합니다. "과연 성도들은 하나님을 만나는 감격으로 주일이 기다려지고 목사들은 터져 나오는 메시지로 인하여 주일이 기다려지는 예배는 불가능한 것일까?" 이것은 바나바훈련원이 시작될 때부터 안고 씨름하고 있는 과제입니다.

여기서 중요한 것은 교회의 리더십이었고 그 중에서도 목사의 영성이 가장 중요한 과제임을 인식하고 목회자 영성훈련에 힘써 보았습니다. 목사의 영성이 살면 교회가 살아나고 예배도 감격이 있고 새신자도 생기고 부흥과 성장도 조금씩 나아지는 것을 경험하게 되었습니다. 결국은 영성의 문제였습니다. 그러나 다음 과제가 발견되었습니다. 목사만 바뀌어서는 그가 모든 신도를 바꿔나가는 데는 많은 시간이 필요하고 가다가 지치는 경향도 발견되었습니다. 그리하여 평신도 훈련을 강화시킬 필요를 느꼈고 목사와 동일한 영성과 비전을 함께 품고 나아가는 성도들을 위한 평신도 훈련 사역을 점점 확대해 나가고 있습니다.

동시에 영성을 회복하고 강화할 뿐 아니라 교회와 사역의 시스템을 개발하고 적용하도록 해야 할 필요를 절감하게 되었습니다. 교회 성장은 학자들이 공감하는 것과 같이 시스템과 영성이 조화를 이루어야 하기 때문입니다. 그리하여 우리 훈련원에서는 2단계훈련으로 사역갱신학교를 열고 시스템 개발에 힘써 나가기 시작했습니다.

이러다보니 이제 기초가 되는 영성과 비전에 대하여 공감대를 형성하기 위하여 이들 교육내용을 책으로 정리하여야 할 필요를 느끼게 되었습니다. 이번에 우선 영성과 비전의 기초적인 교재로 4권의 책을 묶어 내게 되었습니다. 「전략적 중보기도」, 「생명예배」, 「성령사역으로의 초대」, 「세계를 움직이는 영성」이 바로 그것입니다. 저는 이 책들을 통해 한국교회의 목회자들과 평신도들이 예배의 영성을 회복하길 원합니다. 또한 세계복음화의 비전을 품으며 움직이고 살아있는 영성을 추구하길 바랍니다. 교회마다 성령의 능력과 은사가 나타나며 특별히 치유의 역사가 나타나길 바랍니다. 전략적인 중보기도를 통해 지역사회에 역사하는 악한 영들을 물리쳐 닫힌 전도의 문을 열게 되길 바랍니다. 조국교회의 부흥과 세계 선교운동에 보탬이 되고 싶습니다.

2008년 2월 8일

이 강 천

보리피리

시/ 이광현 곡/ 나실인

알알이 영그는 보리알 의 꿈이

토 막으로 허리잘려 신음 한다 해 도

당-신 숨결-에 불러지는 노래라면

보 리피리되 어 좋으리 -

보 리피리되 어 좋으리 -

차례 : CONTENTS

성령사역
으로의
초 대

예수께서 성령의 권능으로 갈릴리에 돌아가시니 그 소문이 사방에 퍼졌고
친히 그 여러 회당에서 가르치시매 뭇 사람에게 칭송을 받으시더라

예수님의
성령사역

저는 1988년 여름부터 건강이 좋지 않아서 1년간 요양생활을 하게 되었는데 5개월은 통원 치료하고 7개월은 기도원에 들어가 요양하며 기도원 생활을 하게 되었습니다. 그 1년이라는 시간은 저의 사역을 점검하고 회개하고 새롭게 하는 계기가 되었습니다.

우선 4복음서를 집중하여 읽으면서 예수님의 사역과 저의 사역을 비교하며 깨닫는 계기가 되었습니다. 제가 망향 기도원에 들어간 것이 1988년 12월 12일이었는데 그 해 12월 24일 성탄 전날이었습니다.

기도원에 기도하러 왔던 사람들이 모두 자기 집과 본 교회에 가서 성탄절을 지내기 위하여 썰물처럼 다 빠져나간 오후에 누가복음을 읽고 있었습니다. "홀로 남았더니"하는 시간은 때때로 위대한 일이 시작되는 카이로스의 시간이 되곤 하는 모양입니다.

그날 누가복음 4장 14절을 읽다가 번개같이 떨어지는 깨우침과 소망이 주어졌습니다.

14) 예수께서 성령의 권능으로 갈릴리에 돌아가시니 그 소문이 사방에 퍼졌고 15) 친히 그 여러 회당에서 가르치시매 뭇 사람에게 칭송을 받으시더라 (눅 4:14-15).

예수님이 능력 사역을 하신 것은 성령의 권능을 받았기 때문이라는 것입니다. 광야에서 40일 금식하시고 마귀의 시험에 승리하시고는 성령의 권능을 받아 사역의 무대인 갈릴리로 가셨다는 기록을 예전에도 읽었지만, 이날 유독 그 말씀이 섬광처럼 빛나며 내 가슴에 불을 질렀습니다.

"아니, 예수님이 성령의 권능으로 사역했다는 이야기잖아."

맞습니다. 예수님도 인간의 육신을 입고 이 땅에 계시는 동안에는 인간의 한계 안에 들어오셨습니다. 그러므로 먹지 않으면 배고프고 자지 않으면 졸리고 그래서 배를 타고 가실 때 배 고물을 베고 주무신 이야기도 있습니다. 과로하면 피곤하셔서 우물가에서 쉬시다가 여인을 전도하기도 하였습니다.

인간의 몸을 입고 지상에 계시는 동안 예수님은 인간의 한계

안에 사셨고, 그러면서도 그 한계를 뛰어 넘어 능력 있게 사역하신 것은 철저한 성령의 권능 때문이었다는 것이 누가복음의 증언입니다. 그리고 이는 사도행전에서도 동일하게 증언되고 있습니다.

> 하나님이 나사렛 예수에게 성령과 능력을 기름 붓듯 하셨으매 저가 두루 다니시며 착한 일을 행하시고 마귀에게 눌린 모든 자를 고치셨으니 이는 하나님이 함께 하셨음이라 (행 10:38).

이 말씀이 나에게 생명처럼 분출하는 소망을 일으켰기에, 나는 즉시 큰 글자로 "성령의 권능으로 갈릴리에"라는 글귀를 써서 방 벽면에 붙였습니다. 그리고 그날 그 시부터 나의 기도는 오직 한 가지 기도제목으로 집중되었습니다.

"성령의 권능으로 갈릴리에 가게 해 주십시오."

새벽에도 아침에도 한낮에도 저녁에도 이 한 가지 제목으로 기도하고 또 기도하였습니다.

이 기도 제목이 응답된다면 우선 갈릴리로 돌아가니 고침 받아 일터로 간다는 것과 이번에는 성령의 권능으로 일터에 가서 성령사역으로 권능 있게 사역한다는 소망으로 기도하였던 것입니다.

이렇게 한 소망으로 기도하고 있을 때 3월 1일 휴일을 맞은 동기생 친구 목사가 내게 문병 와서 보더니 이러한 방에서 지내면 건강한 사람도 병들겠다면서 좀 밝고 깨끗한 곳으로 옮겨 주어야겠다고 나의 짐을 챙겨 가지고 나를 자기 차에 싣고 어디론가 갔습니다. 대청 호수가 있는 대전시에 편입되어 있는 시골 추동 쪽이었는데 낮은 고개를 넘어 내려가면서 친구가 말했습니다.

"이제 다 왔어. 저 아래 기도원 입간판이 서 있지? 저기서 우회전하여 3백 미터 정도 가면 돼."

나는 입간판을 쳐다 보았습니다. 멀어서 금방은 글씨를 알아볼 수 없었으나 점점 가까이 가면서 기도원 입간판 글씨가 눈에 들어오자 나는 소스라치게 놀랐습니다.

"갈릴리 기도원"이라 쓰여 있었습니다. 두 달 넘게 "성령의 권능으로 갈릴리에" 보내 달라고 기도했더니 웬 갈릴리인가 싶었습니다.

하여튼 갈릴리 기도원에 와서 새 역사가 시작되었습니다. 이곳에 와서 며칠 되지 않은 어느 날 저녁 기도하고 있을 때 성령의 음성이 들리는 것 같았습니다.

"내가 너를 고쳐 주랴?" 물으시는 것 같아

"주님 고쳐 주십시오."라고 대답했습니다.

"내가 너를 고칠 것을 네가 믿느냐?"

다시 물으시는 것 같아서

"주님 제가 언제 신유를 부정해본 적이 있습니까?"라고 나는 반문하였고 주님은

"누가 그렇게 물었느냐? 지금 네가 믿느냐고 묻는 것이다."라고 되물으셨습니다. 나는 얼른 "믿습니다." 라고 대답하려고 하였으나 그 순간 내가 밀양에서 목회하던 시절이 생각나고 주님은 나의 목회하는 모습을 영상으로 돌려 보여주셨습니다.

밀양에서 목회할 때 많은 신자들이 몸이 아프면 날 보고 안수기도하여 달라고 부탁했고 나는 안수하였으나 한 사람도 고침 받는 것을 보지 못하며 몇 년이 가자 "내가 안수해도 안 낫는다."는 믿음이 굳어져 그 다음부터는 건성으로 안수하던 것을 생각나게 하시면서 나의 불신앙을 회개하라고 하시는 것 같아 속히 고백하며 기도하였습니다. 나의 믿음을 교리적인 믿음이나 지식적인 믿음에서 살아있는 현재적 신앙이 되게 해달라고 기도하였습니다.

다음날 아침 식사를 하고 잠시 쉬고 있는데 기도원을 맡아서 목회하고 있는 전도사님의 어린 아들이 어제 밤에 밤새 열이 나고 고통 하였는데, 오늘 아침 "빨리 아침 먹고 병원에 가자" 하였더니 어린아이가 "아빠 병원부터 갈 일이 아니고 우리 기도원에 와서 기도하고 계신 이강천 목사님에게 안수 받으면 어떨까?"라고 한다면서 내게 열병으로 고통 하는 아이를 데리고 왔

습니다.

가슴이 두근거리고 열이 오르는 듯 했습니다.

"주여 시험하지 마시고 역사하소서!" 기도하는 마음으로 손을 얹고 치유를 위하여 기도하다가 예수님이 베드로의 장모의 열병을 꾸짖어 고치신 것이 생각나서 나도 꾸짖으며 기도하고 나서 "예수님 이름으로 기도합니다." 하였더니

이 아이가 아멘 하더니 "아이구! 이제는 살았다." 그러면서 뛰어나가 노는 것입니다. 이것은 꼭 짜고 한 것 같았습니다. 하나님하고 이 아이하고 짜고 나를 교육시키려고 한 것 같았습니다.

그런데 이 열병이 돌림병이라 다음날에는 전도사님의 딸아이가 열병이 나서 데리고 오고 다음날에는 아랫집 아이가 열병이 나서 데리고 오면서 졸지에 치유사역자가 되어 버렸습니다.

그러더니 신장병 환자, 치질 환자, 중풍 병 환자 등 어른 신자들이 와서 안수 기도해 달라고 하는 바람에 떨리는 마음으로 매일 기도하면서 안수하여 낫게 하는 체험을 하게 하셨습니다.

"성령의 권능으로 갈릴리에" 보내 달라고 기도했더니 갈릴리에 보내 놓고 성령의 권능을 체험하게 하셨습니다.

그리고 이후로 그 전도사님에게 전도훈련을 시키면서 매주 전도하러 나갔더니 전도현장에서도 환자가 치유되는 경험도 하면서 결신이 일어나고 하였습니다.

그리하여 나는 성령의 권능으로 갈릴리에 머물며 전도와 치유와 제자훈련 사역을 하게 되었습니다. 여러분 나는 여기서 기독교의 사역은 철저히 성령사역이라는 것을 깨닫고 성령 사역을 위하여 기도하게 되었는데 여러분 이에 동의하시고 기도하실 것이지요?

예수님의 사역들

우선 예수님이 어떤 사역에 당신의 시간들을 쓰셨는가를 살펴보겠습니다. 예수님은 다섯 가지 사역에 당신의 시간과 노력을 집중하셨습니다.

35) 예수께서 모든 성과 촌에 두루 다니사 저희 회당에서 가르치시며 천국 복음을 전파하시며 모든 병과 모든 약한 것을 고치시니라 36) 무리를 보시고 민망히 여기시니 이는 저희가 목자 없는 양과 같이 고생하며 유리함이라 37) 이에 제자들에게 이르시되 추수할 것은 많되 일꾼은 적으니 38) 그러므로 추수하는 주인에게 청하여 추수할 일꾼들을 보내어 주소서 하라 하시니라 1) 예수께서 그 열두 제자를 부르사 더러운 귀신을 쫓아내며 모든 병과 모든 약한 것을 고치는 권능을 주시니라 (마태복음 9:35-10:1).

첫째는 가르치는 사역입니다. 인생들에게 참된 삶의 길과 진리를 가르치는 데 많은 시간을 사용하셨습니다.

둘째는 복음을 전파하는 사역, 하나님 나라를 전파하는 사역에 시간을 사용하셨습니다. 가르치는 사역과 복음 전파 사역은 때때로 동시적으로 시행될 때가 많았습니다.

셋째는 병을 고치는 치유사역에 시간과 노력을 할애하셨습니다. 병든 자를 보고 그냥 지나친 적이 없었던 것 같습니다. 각색 병자를 고치는 사역이 예수님의 중요한 사역이었습니다.

넷째는 이러한 다양한 사역을 이어갈 제자들을 부르고 훈련하시는 사역에 시간과 노력을 기울이셨습니다. 열두 제자를 훈련시키시고 70인 전도자들을 훈련시키셨습니다.

다섯째는 기도사역입니다. 예수님은 늘 기도하셨고 제자들에게도 기도하라고 하셨습니다.

저는 이렇게 예수님의 사역을 정리하면서 그동안의 나의 사역이 이러한 본질적 사역이 아닌 비본질적 사역으로 더 많은 시간과 정력이 소모되었다는 것을 깨닫게 되었습니다. 그러다 보니 건강이 나빠지고 일을 못하게 되었다는 것을 깨닫게 되었습니다.

여러분! 여러분의 사역은 무엇에 집중되고 있습니까? 무슨 일로 바쁘십니까? 이 본질적 사역을 찾아가는 사역이 되시기 바랍니다.

예수님의 사역의 특징1 / 사랑의 동기

예수님의 사역 동기에는 두 가지 특징이 있습니다. 그 하나는 사랑의 동기입니다. 예수님은 사람들을 불쌍히 여기는 마음으로 사역하셨습니다. 예수님의 눈은 동정의 눈길이었고, 그 사랑의 동기가 예수님 사역의 드라이빙 포스가 되었습니다.

예수께서 나오사 큰 무리를 보시고 그 목자 없는 양 같음을 인하여 불쌍히 여기사 이에 여러 가지로 가르치시더라 (마가복음 6:34).

예수님은 목자 없는 양같이 유리방황하는 인생들을 불쌍히 여기사 저들에게 인생의 참된 의미와 행복을 가르치셨습니다. 우리는 종종 우리의 가르침의 대상을 사랑해서가 아니라 프로그램을 돌리려는 생각으로 사랑 없이 가르치는 경우가 있습니다. 그러나 예수님의 가르침은 언제나 인생들을 불쌍히 여기는 동인에서 움직이고 있었습니다.

예수께서 나오사 큰 무리를 보시고 불쌍히 여기사 그 중에 있는 병인을 고쳐 주시니라 (마태복음 14:14).

예수께서 치유사역을 하신 것도 병들어 고생하는 그 인생들을 불쌍히 여기셨기 때문입니다.

예수께서 오병 이어의 기적으로 무리를 먹이신 것도 단지 기적을 보이기 위한 것이 아니라 배고픈 무리를 불쌍히 여겼기 때문입니다. 우리는 여기서 예수님의 사역의 동인이 언제나 인생을 불쌍히 여기는 사랑에서 출발하고 있음을 봅니다. 우리에게도 이 사랑의 영이 움직이기를 기도하여야 하겠습니다.

여러분 목회가 무엇입니까? 이 불쌍히 여기는 사랑으로 인생을 돌보는 것이 아니겠습니까?

예수님 사역의 특징2 / 능력사역

예수님 사역의 두 번째 특징은 능력사역이었다는 것입니다. 서기관이나 바리새인들이 교리나 신학을 가르치고 있는 동안 예수님은 사랑으로 살아있는 진리를 능력으로 가르치셨습니다.

21) 저희가 가버나움에 들어가니라 예수께서 곧 안식일에 회당에 들어가 가르치시매 22) 뭇 사람이 그의 교훈에 놀라니 이는 그 가르치시는 것이 권세 있는 자와 같고 서기관들과 같지 아니함일러라 … 27) 다 놀라 서로 물어 가로되 이는 어찜이뇨 권세 있는 새 교훈이로다 더러운 귀신들을 명한즉 순종하는도다 하더라 (마가복음 1:21-22, 27).

서기관들과는 전혀 다른 예수님의 권세를 볼 수 있습니다. 예수님의 가르침은 사람들을 압도하는 능력이 있었습니다. 또한 예수님의 말씀은 병든 자들을 치유하고 귀신을 쫓아내는 살아 있는 사역이었습니다.

여러분, 오늘날 설교의 문제는 무엇이라고 생각하십니까? 오늘날 설교가 능력이 부족한 것은 서기관이나 율법사처럼 교리를 해설하거나 신학을 설명하고 전통을 이야기하기 때문이 아닐까요? 예수님같은 영적 파워가 우리의 설교와 사역에 흘러넘쳐야 합니다.

본 대로 들은 대로

예수님의 성령사역의 특징을 다른 차원에서 보면 예수님은 당신 생각대로 사역하신 것이 아니라 하나님 아버지가 보여주시는 대로 들려주시는 대로 행하고 사역했다는 것을 알 수 있습니다.

성령 사역은 능력만 있다고 되는 것이 아닙니다. 주님과의 깊은 교제와 철저히 성령님께 순종하고 따르는 삶이 되어야 합니다. 하나님이 보여주시고 들려주시는 바를 보고 듣는 영성이 필요하고 그 보고 들은 바에 순종하는 것이 중요합니다.

19) 그러므로 예수께서 저희에게 이르시되 내가 진실로진실로 너희에게 이르노니 아들이 아버지의 하시는 일을 보지 않고는 아무것도 스스로 할 수 없나니 아버지께서 행하시는 그것을 아들도 그와 같이 행하느니라. 20) 아버지께서 아들을 사랑하사 자기의 행하시는 것을 다 아들에게 보이시고 또 그보다 더 큰 일을 보이사 너희로 기이히 여기게 하시리라 (요한복음 5:19-20).

내가 아무것도 스스로 할 수 없노라 듣는 대로 심판하노니 나는 나의 원대로 하려 하지 않고 나를 보내신 이의 원대로 하려는 고로 내 심판은 의로우니라 (요한복음 5:30).

기도 외에는

여기서 예수님의 사역도 성령 사역이었으며 우리의 사역도 성령 사역이어야 함을 배웠는데 그러면 예수님의 성령 사역에는 어떤 비결이 있었던 것일까요?

예수님의 성령 사역의 비결이 어디에 있었습니까? 우리는 다음 성경구절을 주목할 필요가 있습니다.

28) 집에 들어가시매 제자들이 종용히 묻자오되 우리는 어찌하여 능히 그 귀신을 쫓아내지 못하였나이까 29) 이르시되 기도 외에 다른 것으로는 이런 유가 나갈 수 없느니라 하시니라 (마가복음 9:28-29).

예수님이 베드로와 요한과 야고보 세 제자만 데리고 변화산 상에 올라가신 적이 있습니다. 이때 산 아래 남아 있던 제자들에게 어떤 사람이 벙어리 귀신이 들려 말 못하고 자주 넘어지고 거품을 흘리는 아들을 데리고 와서 고쳐 달라고 하였습니다. 제자들이 씨름하였으나 고치지 못하였습니다.

그때 예수님이 보시고는 고쳐 주셨습니다. 제자들이 물었습니다.

"예수님은 쉽게 고치고 귀신을 쫓아 내는데 우리는 어찌하여 그 귀신을 능히 쫓아 내지 못한 겁니까?" 그때 예수님의 대답이 무엇이었습니까?

"너희가 나와 같으냐? 나는 하나님이고 너희는 사람이 아니더냐?" 그렇게 대답하셨습니까? 아니지요.

"기도 외에는 이런 유가 나갈 수 없느니라." 즉 차이는 기도라는 것입니다.

"너희가 내가 기도하는 만큼 기도하느냐?"는 것입니다. 그렇다면 성령사역의 비결은 기도생활이라는 말입니다. 예수님이 기도하신 만큼 기도하면 우리도 그렇게 성령사역을 할 수 있다는 것입니다.

예수님의 기도생활

그렇다면 예수님의 기도생활이 어떠했었는지 살펴보아야 하겠지요? 저는 다시 사복음서를 펼치고 예수님의 기도생활의 단서를 얻을 수 있는 모든 성경을 찾아보았습니다. 대략 다음과 같이 찾아보기로 하지요.

40일 금식기도

우선 예수님은 본격적인 사역을 시작하기 전에 광야에서 40

일간 금식하며 기도하였다는 기록이 있습니다. 여러분, 건강할 때 젊을 때 장기간 금식 기도하는 것도 도전해 보시기 바랍니다. 우리가 성령의 권능을 받기 위하여 금식기도 하는 것은 충분히 가치 있는 일이고 도전해야 할 일입니다. 각자의 체력을 고려하여 장기 금식 기간을 정하고 기도해야 합니다. 그리고 중요한 것은 금식도 성령의 이끌림을 받아 야 한다는 것입니다. 단순한 야망이나 오기로 금식하지 말고, 기도 가운데 성령의 감동과 지시와 인도 속에서 금식하여 보십시오.

새벽기도

새벽 오히려 미명에 예수께서 일어나 나가 한적한 곳으로 가사 거기서 기도하시더니 (마가복음 1:35).

한번 금식 기도했다고 해서 평생 성령 충만할 수는 없을 것입니다. 매일 이루어지는 기도의 생활화가 더 중요하겠지요. 예수님은 새벽에, 이른 아침에 기도하셨습니다.

젊어서 목회할 때 새벽기도가 하도 힘들어서 "어떤 녀석이 새벽 기도는 만들어 가지고 이 고생이야?" 투덜댄 적이 있는데 그분이 예수님이시더군요. 예수님은 새벽마다 일과를 시작하기에 앞서 하나님과 교제하고 기도사역을 하시곤 하셨던 것입니다.

저녁기도

이때에 예수께서 기도하시러 산으로 가사 밤이 맞도록 하나님께
기도하시고 (누가복음 6:12).

그 다음에는 저녁에 기도하셨습니다. 우리 한국교회 목사들
에게는 싫든 좋든 새벽기도를 하게 구조적으로 되어 있어서 다
행입니다.

그런데 예수님의 기도생활을 살피다가 놀란 것은 꼭 저녁 기
도를 하셨다는 것입니다. 일과를 마감하면서, 사역을 마감하면
서 꼭 기도의 자리로 갔다는 것입니다. 이것은 도전적인 발견이
었습니다. 우리는 보통 일을 시작하기 전에는 열심히 기도하지
만 마치고는 푹 퍼지는 경향이 있는데 예수님은 꼭 사역을 마감
하면서 기도의 자리를 찾았다는 것은 신선한 충격이요 깨달음
이었습니다.

다음 성경 구절들은 그것을 잘 보여 줍니다.

22) 예수께서 즉시 제자들을 재촉하사 자기가 무리를 보내는 동안
에 배를 타고 앞서 건너편으로 가게 하시고 23) 무리를 보내신 후
에 기도하러 따로 산에 올라가시다 저물매 거기 혼자 계시더니 (마
태복음 14:22-23).

무리를 작별하신 후에 기도하러 산으로 가시다 (마가복음 6:46).

습관적 기도

예수님은 새벽기도 하시고 저녁마다 기도하셨습니다. 이것은 어쩌다 한번 한 것이 아니고 습관적으로 라이프스타일로 행하신 기도의 생활이었습니다.

예수께서 나가사 습관을 좇아 감람산에 가시매 제자들도 좇았더니 (누가복음 22:39).

습관을 좇아 감람산에 가셨다는데 감람산에 왜 가셨습니까? 기도하러 가셨습니다. 이 같은 아침과 저녁 기도는 예수님의 습관이었고 라이프스타일이었음이 틀림없습니다.

저는 이 사실을 깨닫고 내 기도생활에도 적용하려 애써 보았는데 무엇보다 저녁 기도는 쉽지 않았습니다. 저녁기도가 제대로 되기 위하여 저녁 일정한 시간에 기도실에 들어가야 하는데 그게 그리 쉬운 일이 아니었습니다. 그러던 어느 날 주께서 저녁기도를 목숨 걸고 하라고 명하시는 것을 느꼈습니다.

그리하여 저녁 기도 1천 번제 즉 1천일 동안 하루도 빠짐없이 저녁기도를 하기로 서원하는 기도를 드렸습니다. 다만 몇 가지 예외를 인정하여 받아 달라고 하나님께 말씀드렸습니다.

하나는 하루도 빠짐없이 저녁 기도를 하되 예기치 못한 일로 저녁 늦게 들어오면 잠을 안 자고라도 기도할 것이나 예상되는 저녁 사역이 있을 때는 저녁을 앞당겨 오후기도를 하고 나가는 것을 인정해 달라고 하고 다음은 이동 중일 때 즉 차를 타고 가면서도 기도하고 비행기를 타고 가면서 기도하는 일도 인정해 달라고 하였습니다.

하여튼 그러한 조건으로 저녁 기도 1천 번제를 서원하고 기도 훈련을 해 나갔는데 마침내 천일 동안 저녁 기도를 할 수 있었고 그 기간 동안 저는 대단한 축복을 받았습니다.

그 기간 동안에 훈련원 새 캠퍼스를 선물 받게 되었고 폐교된 초등학교를 사고 수리하고 또 뒤뜰 땅을 더 사고 하면서 약 7억 5천만 원이 소요되었는데 그것이 어려움 없이 이루어진 것입니다.

그러나 더 큰 축복은 나의 설교 사역, 말씀 사역이 능력을 경험하며 감격스럽게 이루어졌다는 것입니다. 설교하는 현장에 성령님이 함께 하시고 역사하시고 감동하실 뿐 아니라 설교 듣다가 병 고침을 받는 사람들의 간증이 나오게 된 것입니다. 설교하는 동안 성령께서 그 설교를 사용하시면서 치유도 행하시는 것이었습니다.

그 중 두 가지를 간증하겠습니다. 연무 중앙감리교회에서 3일 간 부흥회를 했습니다. 치유 설교를 한 것도 아니고 치유를 위한 기도를 한 것도 아닙니다. 치유를 위한 특별한 시간을 가진 적이 없었습니다.

그런데 둘째 날 점심 식사를 대접하던 남자 집사님이 6년 동안 병원, 한의사, 침술사, 지압사, 안마사 찾아다니며 노력해도 안 낫던 목 디스크가 나았다며 간증을 하였습니다. 첫날 설교에 은혜 받으면서 고침 받았으며 너무 상쾌하고 좋다고 목을 돌려 보이며 간증을 하였습니다.

그 기간에 7명이나 치유된 보고가 들려왔습니다. 이러한 결과를 보고 담임 목사가 "어떻게 내가 설교할 때는 한 사람도 나았다는 간증이 없었는데, 이 목사님 설교에 그러한 역사가 있는 것이지요?" 하고 묻길래 "이제부터는 목사님의 설교를 통해서도 그런 일이 있을 터이니 믿고 성령께서 함께 해주시기를 기도하며 성실한 설교를 해보십시오."라고 격려했습니다.

몇 달 후 그 목사님이 자기가 설교할 때도 치유의 역사가 일어났다는 간증을 해 주었습니다.

한번은 한남대학 교수들 중에서 한 그룹이 교수수련회를 주최하고 날 강사로 불렀습니다. 장소로 정한 수양관에 가보니 30여 명이 모였습니다. 한남대 전체 교수수련회가 아니고 한 클럽에서 하는 것이라 조촐한 모임이었습니다. 그래서 둘러앉자고 제안하고 나도 앉아서 설교하였습니다. 설교가 끝나고 예배를 마치자 여자 교수님 한분이 간증하고 싶다고 우리를 잡아 앉혔습니다.

"여러분이 아시다시피 저는 몸이 아파서 간신히 학기 끝내고 요양을 위해 휴직을 신청한 상태입니다. 이럴수록 은혜 받아야 한다며 동료 교수님들이 강청해 여기 왔습니다. 두 시간 앉아 있기도 힘든데 오늘 저는 두 시간 앉아 은혜를 받다가 병 고침을 받았습니다."

여러 내장 기관들이 아팠는데 다 치유 받았다고 간증하였습니다. 우리는 기뻐하며 주께 영광 돌렸습니다.

오후에 시작한지라 저녁에 두 번째 설교를 했습니다. 예배가 끝나자 남자 교수 한분이 간증하겠다고 또 우리를 붙들었습니다.

"저도 사실은 첫 시간에 은혜 받다가 고침 받았는데 믿음이 부족해서 간증하지 못하고 밖에 나가서 확인절차를 거쳤습니다. 그동안 다리 관절통으로 걷기가 힘들고 운전하기도 힘들었습니다. 그런데 첫시간 설교 듣다가 고침 받았다는 느낌이 들었습니다. 그래서 끝나고 수양관 뒷산을 오르내리며 확인해 보니 관절통이 다 사라지고 없었습니다. 할렐루야."

이때 설교는 창12장 "복의 근원이 될지라."이었습니다. 본격적인 치유설교가 아니었지만 이렇게 치유가 일어났습니다.

이렇게 설교하는 중에 치유의 역사가 자주 일어나게 되고 한 번은 정말 희한한 기적이 있었습니다.

캐나다 캘거리 제일교회서 부흥회를 하는데 한국말을 잘 못 하고 알아듣지 못하는 2세 청년이 호기심에서 마지막 날 참석했습니다. 그 청년은 5년 동안 아버지와 갈등 관계에 있으면서 화해하지 못하고 살고 있었는데 마침 그 날 설교는 화해자의 삶을 마태복음 5장 9절 말씀으로 설교하고 있었습니다.

그에게 적중될 메시지지만 알아듣지 못하는 것이 문제였지요. 이 청년이 한국말을 못 알아들으므로 특별한 일이 있을까 호기심에서 오긴 왔는데 특별한 것도 없고 알아듣지 못하는 설교에 기합을 받고 있다고 속으로 투덜거리고 있을 때 어느 순간부터 이강천 목사의 한국어 설교가 영어로 들리기 시작했답니다.

그래서 그 청년이 다 알아듣고 화해의 메시지에 감동되어 회개의 역사가 일어나고 그날 밤 아버지와 화해가 일어나 부둥켜안고 울었다는 것입니다.

이 이야기를 다음날 자기 영어 목회 담당목사에게 간증했더니 영어 담당목사가 충격을 받고 기도실에 들어가 하나님께 어찌된 것인가 항의하였다고 합니다. 그러다가 깨닫고 자신도 회개하고 기도의 사람으로 성령 사역을 해야 된다는 것을 절감하고 다짐하게 되었다고 내게 말해주었습니다.

이강천 목사는 그때 영어로 설교한 적이 없고 한국말로만 설교했는데 성령께서 그때 통역을 하신 것입니다. 성령께서는 그렇게도 하십니다. 그러니 성령사역을 위하여 기도해야 하지 않겠습니까?

성령사역은 포크레인 사역

가나안 복민 선교원 **전경애 선교사**

　서울 신학 대학을 다닐 때 참으로 존경했던 이 강천 목사님을 다시 뵙게 된다는 설레임으로 바나바 훈련에 참석했다. 대학 재학 시 동남아 선교 팀에 소속되어 목사님께 많은 영향을 받았을 뿐만 아니라 제자 훈련이라는 과목을 수강하면서 목사님의 말씀과 삶의 실천은 우리들을 감동 시켰던 기억이 있다.

　충북 옥천에 있는 바나바 훈련이라 하여 나는 혹시 선교 훈련 받을 때갔던 갈릴리 기도원이 아닌가 했었는데 새로운 곳에 목사님의 장막이 있음을 보았다. 비록 3박 4일의 짧은 훈련이었지만 우리의 영육을 풍성하게 해주는 시간들이었다.

　선교사들 대부분이 그렇지만 안식년을 맞아 본국에 돌아와서 영적 재무장을 하고 돌아가는 것은 참으로 중요한 일이라고 생각했다.

　그런 의미에서 우리 가정은 일 년 동안 한국에 머물면서 한국 선교 훈련원에서, 가나안 농군 학교에서, 바나바 훈련원에서 훈련 받으며 귀한 시간을 보내었음을 주님께 감사드린다.

　제자는 태어나는 것이 아니라 훈련으로 되어져 간다는 말을 실감하는 시간들이었다. 특별히 바나바 훈련원에서 느꼈던 점을 몇 가지 나누어 보면 다음과 같다.

첫째 하나님의 사람은 철저한 말씀 묵상이 있어야 한다는 것이다. 고등학교 2학년 때부터 Q.T를 시작하여 결혼 후에도 남편과 같이 경건의 시간을 가지며 나누는 풍성함을 경험했었다. 그 시간은 우리 부부에게 가장 귀한 시간이었고 하나님의 말씀하심을 듣는 시간이었다. 그러나 한국에 온 후 때로는 바빠서 때로는 나태해서 하나님의 말씀을 깊은 묵상 없이 형식적인 Q.T만 하는 내 자신을 보게 되었다. 비록 짧은 시간이었지만 영적 곤고함이 찾아왔고 무엇인가 회복될 부분이 있다고 느끼던 차에 바나바 훈련원에 와서 일정한 시간에 함께 Q.T를 하고 나누는 시간을 가지니 내 영혼이 회복되어져 감을 느낀다. 하나님 말씀이 너무 좋아서 기대함으로 아침을 맞이했던 고등학교 시절이 생각나며 하나님의 말씀에 대한 사모함이 내 안에서 소망되어지길 기대해본다.

두 번째는, 기도에 대한 도전이다. 선교 사역에 있어 가장 중요한 것은 기도라는 것을 잘 알고 있었고 책이나 부흥회나 각종 집회, 훈련 등을 통해 너무도 잘 알고 있는 기도는 아는 것이 중요한 것이 아니라 기도를 하는 것이 중요하다는 사실이다. 우리는 너무도 고급화된 신앙 때문에 '기도를 꼭 소리 질러서 해야 하나님이 들으시나?'로 시작해 급기야 는 "하나님은 기도하기 전에도 다 아셔" 라는 이 목사님의 비유(예화)는 정확히 나를 두고 하신 말씀 같았다. 말씀에 대한 지식과 안목이 어느 정도 있다고 자부하며 기도의 무릎을 꿇지 않았던 나 자신을 주님께 자백하는 시간이었다. 특히 다른 사람을 위해 기도하는 중보 기도의 사역은 놀라웠다.

훈련에 임하기 전 권해주신 「리즈 하월즈」를 통해서도 많은 것을 느꼈다. 한 사람이 하나님 앞에 철저히 순종하며 기도로서 그의 일생을 보낼 때 얻어지는 결과는 놀라운 것이었고 역사를 바꾸는 일까지도 있었음을 보았다. 그리고 믿음과 더불어 사랑으로 하는 중보의 기도는 훈련 기간 중 무척 아팠던 귀가 나은 경험을 하게 하였다. 지옥 같은 이 세상을 천국으로 만들 수 있는 길은 오직 기도 밖에 없다는 말씀에 큰 은혜를 받고 공감했다. 시드로우 박스터가 "사람들은 우리의 호소를 일축하고 우리의 복음을 거절하고 우리의 주장을 반대하고 우리의 성도들을 경멸할 수 있을지 모르지만 우리의 기도에 대해서는 꼼짝 못한다."고 말한 것이 피부에 느껴지는 시간이었다. 그러나 여느 훈련과 달랐던 점은 기도의 중요성을 말할 뿐 아니라 실제로 무릎을 꿇게 하고 기도했다는데 있다고 생각한다. 함께 말씀 보고 시도했던 시간이 없었더라면 우리는 또 다짐하는 시간으로 그쳤으리라 생각한다.

마지막으로, 성령의 역사에 대해 제한하지 말라는 것이다. 이것은 어떤 신비적인 것을 추구하는 것이 아니라 하나님을 내 작은 머리로 제한하지 말라는 것이다. 성령의 사역에 대해 내 경험과 생각을 앞세우지 말고 성령의 은혜를 사모 할 때 우리의 사역이 삽질이라면 성령의 사역은 포크레인의 사역이라고 믿는다. 그 곳까지 인도해 주셨던 하나님과 바나바 훈련원에 이강천 목사님께 감사를 드리며 이 글을 마친다.

예수께서 온 갈릴리에 두루 다니사 저희 회당에서 가르치시며
천국 복음을 전파하시며 백성 중에 모든 병과 모든 약한 것을 고치시니
그의 소문이 온 수리아에 퍼진지라 사람들이 모든 앓는 자
곧 각색 병과 고통에 걸린 자, 귀신들린 자, 간질하는 자,
중풍병자들을 데려오니 저희를 고치시더라

2

성령과
치유 사역

몇 해 전 캐나다 위니펙에서 목회하는 한인교회 목회자 부부들이 특별 영성훈련 차 모였습니다. 여러 주제로 훈련하다가 치유사역에 대하여 강의를 하였습니다. 그리고는 우리 중에 병든 자 있으면 당장 기도하자고 하였습니다.

그런데 목사들이 믿고 기도하는 일은 더 어려운 것 같습니다. 모인 인원이 20여명에 불과하긴 했지만 다섯 명이 기도받겠다고 나왔습니다. 그래서 나머지 15명을 한 사람당 3명씩 배분하고 책임지고 치유를 위하여 기도하라고 시켰습니다.

다음날 치료된 사람은 간증하라고 시간을 주었습니다. 아무도 간증하러 나오질 않는 것입니다. 그래서 이렇게 한 사람도 치유되지 않은 것은 오히려 기적이라고 말하면서 그렇다면 다시 기도하자며 다시 다 나오라 하였습니다. 잠시 머뭇거리더니 키가 큰 목사님이 나오셨습니다.

"저는 어제 목 디스크 환자로서 기도 받았습니다. 그런데 고침 받은 것이 분명합니다. 그런데 왜 간증하러 나오지 않았느냐

하면 집에 가서 목뼈 사진까지 찍어서 확인한 후 간증하려 하였는데 또 기도 받으러 나오라 하니 또 기도 받을 일은 아닌 것 같습니다.

저는 어제 기도 받고 고침 받은 줄 몰랐습니다. 오늘 아침 조반 식사를 기다릴 때 우리 목사들이 30분 정도 족구를 하게 되었습니다. 나도 뒤에서 서서 족구를 하고 있는데 공이 날아오는 것이 내가 발로 받을 수 없는 위치와 속도로 날아 와서 엉겁결에 머리로 받았습니다. 그런데 멋지게 받아 넘겨 한점을 득점했습니다. 그러고 보니 목뼈가 휘어져 디스크 환자로서 목을 쓰지 못하는 내가 머리로 공을 받아 넘긴 것입니다.

그래서 나도 깜짝 놀라며 목을 움직여 보았는데 전혀 아프지 않습니다. 이제 고침 받은 것은 확실합니다.”

그러자 다른 목사님이 또 나왔습니다. 그분은 이렇게 간증했습니다.

“나는 고혈압 환자로서 어제 기도 받았습니다. 혈압이 높고 나빠서 하루에 세 차례씩 혈압 조절 약을 먹지 않으면 나는 목이 뻣뻣해지고 머리가 아프고 침이 마르고 입술이 허옇게 됩니다. 그런데 어제 기도 받은 이후 약을 한번도 쓰지 않고 있고 목은 부드러우며 머리도 아프지 않고 산뜻하며 입술이 마르지 않고 촉촉합니다. 나도 돌아가 혈압을 재어 보고 간증하려 했는데 고침 받은 것이 확실합니다.”

그러자 또 한분 목사님이 나왔습니다.

"저는 위와 장이 아프고 소화가 안 되며 설사를 해왔습니다. 그런데 어제 기도 받고는 무슨 변화가 일어났는지 당장 느끼지는 못했는데 그 시간 이후 위가 아프지 않으며 어제 저녁과 오늘 아침 잘 먹고 오늘 아침에는 설사하지 않고 김밥 같은 대변이 나왔습니다."

이렇게 세 명이 간증을 하였고 나머지는 간증도 없고 또 기도 받으러 나오지도 않았습니다. 그런데 그중 고혈압으로 고생하다가 고침 받은 목사님은 훈련이 끝난 그 주간 금요일 밤에 자기네 교회 심야 기도회에서 똑같은 방식으로 본대로 배운 대로 치유를 위한 기도를 하였다는 것입니다.

그랬더니 신자 중 반신불수였던 분이 풀려서 자유롭게 몸을 움직이게 되었다고 토요일 아침 내가 묵는 호텔로 전화하였습니다. 간증하고 혈압을 재본 결과 70에 130 정상으로 나온다고 좋아했습니다.

이렇게 서로 사랑하며 기도하게 한 결과 많은 병자들이 고침 받는 것을 보았습니다. 기도할 때 가장 많이 고침 받더군요. 우리는 적극적으로 치유를 위한 기도를 할 필요가 있습니다. 그렇게 하여야 교회가 살아 움직이는 공동체적 사랑과 하나님 체험을 하게 되어 부흥의 단초가 되는 것입니다.

본질적 사역으로서의 치유 사역

예수님의 사역은 5대 사역이었습니다. 그중 어느 하나도 소홀히 해도 되는 사역은 없었습니다.

오늘날 우리의 교회 전통과 사역에서 잃어버린 사역이라고 해도 과언이 아닌 분야가 치유사역입니다. 치유는 병원에 맡겨버리고 교회는 말씀사역만 하는 것으로 생각하는 경향이 있습니다.

인간의 삶의 현장에서 가장 가깝게 구원을 필요로 하는 현장은 몸이 아픈 사람들을 치료하는 현장입니다. 그러므로 이제 치유사역의 중요성을 일깨우고 회복하는데 초점을 두고 말씀드리겠습니다.

예수님의 사역이나 초대교회의 전통을 보면 치유사역은 해도 되고 안 해도 되는 그런 사역이 아니라 교회 사역의 본질적 사역의 하나였음을 알 수 있습니다.

저는 설교하면서 치유사역이 병행되는 경험을 하면서도 치유사역은 말씀 사역의 한 부수적인 사역이라고만 생각했지 치유사역이야말로 본질적인 사역이라는 것을 충분히 이해하지는 못했습니다. 그러나 성경을 읽다가 어느 날부터 치유사역이 필수과목과 같은 본질적 사역임을 깨닫게 되었습니다.

치유사역은 예수님이 행하신 본질적 사역이었습니다. 예수님은 병든 자를 불쌍히 여기셨고 한번도 치료하지 않은 채로 넘어가시지 않았습니다. 4복음서의 기록에 의하면 치유사역은 예수님 사역의 본질적 사역의 하나였습니다. 언제나 가르치고 전하는 현장에서 병든 자를 고치셨습니다. 성경은 이렇게 증언합니다.

> 23) 예수께서 온 갈릴리에 두루 다니사 저희 회당에서 가르치시며 천국 복음을 전파하시며 백성 중에 모든 병과 모든 약한 것을 고치시니 24) 그의 소문이 온 수리아에 퍼진지라 사람들이 모든 앓는 자 곧 각색 병과 고통에 걸린 자, 귀신들린 자, 간질하는 자, 중풍병자들을 데려오니 저희를 고치시더라 (마태복음 4:23-24).

> 예수께서 모든 성과 촌에 두루 다니사 저희 회당에서 가르치시며 천국 복음을 전파하시며 모든 병과 모든 약한 것을 고치시니라 (마태복음 9:35).

가르침과 복음전도와 병 고침의 사역은 가장 많이 짝을 이룬 사역이었습니다. 언제나 가르치고 복음 전하고 치료하셨습니다. 그리고 요한에게 전하라는 메시지를 보낼 때는 이 병 고침의 사역이 메시야 사역의 중요한 표적이요 증거임을 말씀하셨

치유사역은 예수님이 행하신 본질적 사역이었습니다.

예수님은 병든 자를 불쌍히 여기셨고

한번도 치료하지 않은 채로 넘어 가시지 않았습니다.

4복음서의 기록에 의하면 치유사역은

예수님 사역의 본질적 사역의 하나였습니다.

언제나 가르치고 전하는 현장에서 병든 자를 고치셨습니다.

습니다.

2) 요한이 옥에서 그리스도의 하신 일을 듣고 제자들을 보내어 3) 예수께 여짜오되 오실 그이가 당신이오니이까 우리가 다른 이를 기다리오리이까 4) 예수께서 대답하여 가라사대 너희가 가서 듣고 보는 것을 요한에게 고하되 5) 소경이 보며 앉은뱅이가 걸으며 문둥이가 깨끗함을 받으며 귀머거리가 들으며 죽은 자가 살아나며 가난한 자에게 복음이 전파된다 하라 (마태복음 11:2-5).

치유사역은 예수님이 제자들에게 명한 본질적 사역이었습니다. 그러기에 예수님은 자신이 치유사역을 행하실 뿐 아니라 제자훈련 사역을 하실 때 제자들로 하여금 치유사역을 하도록 명하시고 훈련하셨습니다.

귀신을 제어하며 병 고치는 권세를 주셨으며 나아가 귀신을 쫓아내며 병든 자를 고치라고 하였습니다. 하나님 나라의 전파와 병 고침은 동시적입니다. 예수님은 하나님의 나라를 말로만 설명하는 것이 아니라 병을 고치고 귀신을 쫓아내는 것으로 증명하라고 하신 것입니다.

하나님 나라를 보여 주고 경험시켜 주라는 명령입니다. 귀신의 속박에서 벗어나고 병과 질고의 억눌림에서 해방되는 역사가 곧 하나님 나라의 역사라는 말이 되는 것입니다.

예수께서 그 열두 제자를 부르사 더러운 귀신을 쫓아내며 모든 병과 모든 약한 것을 고치는 권능을 주시니라 (마태복음 10:1).

7) 가면서 전파하여 말하되 천국이 가까왔다 하고 8) 병든 자를 고치며 죽은 자를 살리며 문둥이를 깨끗하게 하며 귀신을 쫓아내되 너희가 거저 받았으니 거저 주어라 (마태복음 10:7-8).

1) 예수께서 열 두 제자를 불러 모으사 모든 귀신을 제어하며 병을 고치는 능력과 권세를 주시고 2) 하나님의 나라를 전파하며 앓는 자를 고치게 하려고 내어 보내시며 (누가복음 9:1-2).

우리의 사역 역시 이 예수님의 명하심에 근거하는 것이 아니겠습니까? 그렇다면 오늘 우리의 사역에도 치유사역은 필수 과목이며 본질적인 사역입니다.

초대 교회는 치유하는 교회였습니다. 사도행전의 기록에 의하면 이 치유사역은 초대교회에 그대로 전수되었고 실행되었음을 보여 줍니다.

12) 사도들의 손으로 민간에 표적과 기사가 많이 되매 믿는 사람이 다 마음을 같이하여 솔로몬 행각에 모이고 13) 그 나머지는 감히

그들과 상종하는 사람이 없으나 백성이 칭송하더라. 14) 믿고 주께로 나오는 자가 더 많으니 남녀의 큰 무리더라. 15) 심지어 병든 사람을 메고 거리에 나가 침대와 요 위에 뉘우고 베드로가 지날 때에 혹 그 그림자라도 뉘게 덮일까 바라고 16) 예루살렘 근읍 허다한 사람들도 모여 병든 사람과 더러운 귀신에게 괴로움 받는 사람을 데리고 와서 다 나음을 얻으니라.(사도행전 5:12-16).

4) 그 흩어진 사람들이 두루 다니며 복음의 말씀을 전할새 5) 빌립이 사마리아 성에 내려가 그리스도를 백성에게 전파하니 6) 무리가 빌립의 말도 듣고 행하는 표적도 보고 일심으로 그의 말하는 것을 좇더라 7) 많은 사람에게 붙었던 더러운 귀신들이 크게 소리를 지르며 나가고 또 많은 중풍병자와 앉은뱅이가 나으니 8) 그 성에 큰 기쁨이 있더라 (사도행전 8:4-8).

10) 이같이 두 해 동안을 하매 아시아에 사는 자는 유대인이나 헬라인이나 다 주의 말씀을 듣더라. 11) 하나님이 바울의 손으로 희한한 능을 행하게 하시니 12) 심지어 사람들이 바울의 몸에서 손수건이나 앞치마를 가져다가 병든 사람에게 얹으면 그 병이 떠나고 악귀도 나가더라. (사도행전 19:10-12).

교회역사에서도 이 치유사역은 전수되고 실행되었을 것입니다. 우리 한국교회 역사에서도 초기 선교시대에는 이 치유사역이 보편적으로 이루어졌던 것으로 보입니다. 그러나 20세기 합리주의 신학교육을 받은 지도자들에 의하여 치유사역은 상실되었습니다.

그래서 오늘날은 교회에서 치유사역이 일어나지 않아도 아무렇지도 않게 생각하고 있습니다. 결국 복음의 능력이 덜 발휘되고 있는 것이 아닌가 싶습니다. 우리는 치유사역을 회복하여야 합니다. 치유사역의 회복은 21세기 교회를 책임지고 있는 우리에게 중요한 과제가 아닐 수 없습니다.

치유의 하나님

치유사역을 회복하고자 하는 우리에게 기쁜 소식은 하나님 자신이 치유하시는 하나님이라는 성경의 증거입니다. 하나님은 삼위 일체적으로 우리를 치유하십니다. 우리가 믿는 하나님은 그 자신이 치유하시는 하나님이기에 우리에게 치유사역은 가능하며 또 필수적입니다.

1) 치료하시는 하나님

하나님은 스스로의 이름을 치료하는 여호와라 칭하셨습니다. 그렇다면 치유는 쉬워집니다. 사람이 고치려면 어렵지만 치료하시는 하나님이라고 스스로 선포하신 하나님을 우리가 믿을 때 병 고침은 간단히 일어나는 것입니다. 치료하는 하나님을 만나면 고침 받는 것입니다. 믿음으로 치료하시는 하나님에게 자신을 연결시키면 나아버리는 것입니다. 한번 묵상해 보십시오. 하나님이 자신의 이름을 "치료하는 하나님"이라고 선포하셨습니다.

가라사대 너희가 너희 하나님 나 여호와의 말을 청종하고 나의 보기에 의를 행하며 내 계명에 귀를 기울이며 내 모든 규례를 지키면 내가 애굽 사람에게 내린 모든 질병의 하나도 너희에게 내리지 아니하리니 나는 너희를 치료하는 여호와임이니라 (출 15:26).

얼마 전 선교사 영성 수련회에서 이 주제를 가지고 설교하였습니다. 그리고서는 병든 자를 위하여 기도하는 시간을 갖기로 하고 환자는 자기 이름과 병명을 적고 병든 기간도 적으라고 하였습니다. 설교가 끝나면 다 제출하도록 하여 기도하려고 한 것입니다. 그리고는 예정대로 기도하였고 기도하고 나서 치료받은 사람 간증하라고 하였습니다. 여러 사람이 치료되었음을 확인하고 간증하였습니다.

그런데 병명을 적어 내지 않았고 그를 위해 기도하지 않은 강 선교사가 간증하겠다고 걸어 나왔습니다. 그러더니 적었던 종이를 펴고 읽었습니다.

"퇴행성 허리 디스크 병으로 5년 전에 수술한 바 있는데 그 후로도 계속 아팠습니다. 오늘도 허리가 너무 아파서 앉아 있기가 고통스럽습니다. 그런데 설교시간에 하나님이 자신의 이름을 '치료하는 하나님'이라 선포한 것을 묵상하고 그 하나님을 만나면 간단히 치료된다는 말씀을 하실 때 아멘하고 과연 그렇구나 하나님이 치료하시는 하나님인데 그 하나님 안에서 나는 치료된 것이라는 믿음이 왔습니다. 그리고 나는 치료받았습니다."

그 후 목회자 모임이 있어 모인 목사들이 쉬는 시간에 축구를 하였는데 아르헨티나 축구 선수 때문에 졌다고 투덜거렸습니다. 그 아르헨티나 축구 선수는 바로 아르헨티나에서 사역을 하는 어느 선교사를 두고 한 말이었습니다. 허리 디스크 환자가 축구 선수가 되었다는 간증이지요. 하나님은 당신의 이름을 걸고 치료하십니다.

나는 '길성이 백숙'이라는 음식점에 자주 갑니다. 길성이는 그 집 주인의 이름입니다. 아예 자기 이름을 걸고 음식을 만들고 손님을 맞이하는 것입니다. 그렇다면 이 주인은 자기 이름을 걸고 음식을 성실히 맛있게 깨끗하게 만들겠다는 의지를 그 이름에 담은 것이 아니겠습니까?

음식 맛이 없으면 곧 자기 이름이 욕을 먹고 음식 맛이 좋으면 자기 이름이 칭찬 받는 것이지요. 그런데 하나님이 당신 이름을 치료하는 하나님이라 선포하셨습니다. 그러니 하나님 자신의 이름을 걸고 치료하신다는 것이니 반드시 우리가 치료 받게 되지 않겠습니까?

그 이름이 치료하는 하나님이신 하나님을 우리가 믿습니다. 고침 받는 것이 당연하고 고침 받지 못한다고 생각하는 것은 불신앙이고 부끄러움입니다. 하나님을 믿고 치료의 하나님 의지하고 치유사역을 하게 되기를 바랍니다.

2) 병을 담당하신 예수님

우리가 치유사역을 기쁨으로 할 수 있고 해야 하는 근거는 또 있습니다. 그것은 십자가의 복음이 치유사역을 포함한다는 것 즉 예수께서 우리의 질병을 담당하시고 십자가의 보혈을 흘리셨다는 것입니다.

이사야 선지자는 예수께서 십자가에서 상함으로 십자가의 대속으로 우리가 나음을 입게 된다는 것을 예언하셨고 마태복음은 예수께서 치유사역을 하고 계신 것이 이 말씀을 이루려는 것이라고 증거 하였습니다.

> 5) 그가 찔림은 우리의 허물을 인함이요 그가 상함은 우리의 죄악을 인함이라 그가 징계를 받음으로 우리가 평화를 누리고 그가 채찍에 맞음으로 우리가 나음을 입었도다. 6) 우리는 다 양 같아서 그릇 행하며 각기 제 길로 갔거늘 여호와께서는 우리 무리의 죄악을 그에게 담당시키셨도다. (이사야 53:5-6).

> 이는 선지자 이사야로 하신 말씀에 우리 연약한 것을 친히 담당하시고 병을 짊어지셨도다 함을 이루려 하심이더라. (마태복음 8:17).

예수께서 우리의 죄를 담당하시고 십자가에서 보혈을 흘려 대속하실 때 죄 값으로 생겨난 질병도 담당하신 것입니다. 그렇다면 치유사역은 구속사역의 연장선상에서 필수적인 사역이 되는 것이지요.

제가 경험한 바는 이 사실, 즉 예수께서 우리의 죄와 더불어 질병을 담당하셨다는 메시지만 선포하여도 병 고침의 역사가 일어난다는 것입니다. 대속 사건을 믿는 자에게 대속은 실현되고 병 고침의 역사는 이루어집니다.

한두 가지만 간증한다면 캐나다 위니펙 임마누엘 장로교회서 설교할 때 "십자가의 은혜"라는 주제로 설교하였습니다. 죄를 담당하신 십자가, 죽음을 담당하신 십자가, 저주를 담당하신 십자가 그리고 질병을 담당하신 십자가를 증거 하였습니다. 그런데 두 사람이 이 말씀을 듣고 아멘 하고는 고침 받았다고 간증하였습니다.

하나는 찬양 단에서 봉사하는 플룻 연주자였는데 아토피성 피부염이 치료 되고 얼굴에 붉은 반점이 다 사라졌습니다. 다른 이는 피아노 반주자였는데 여러 해 만성 기침 환자라서 노래 부르는 일은 못하였는데 이 메시지를 들으며 맞아 하고 속으로 아멘 하였는데 그 순간 기침병이 치료되어 살아계신 하나님을 체험하고 치유의 축복을 받은 것이 감격스럽다고 눈물로 간증하더군요.

한번은 브라질 쌍 파울로의 한 한인교회에서 수요일 설교를 하는데 "십자가의 은혜"를 주제로 설교하였는데 그때 사실 나는 너무 지쳐서 목이 쉬어 목소리도 간신히 나오는 때였습니다. 그러나 그 설교 중에 선교사님 한분이 디스크가 치료 되었다고 내게 간증하였습니다.

이러한 간증은 매우 많습니다. 예수님은 우리의 질병도 담당하셨고 믿고 기도하면 더욱 치유를 받습니다.

3) 치유의 기름을 부으시는 성령님

우리가 치유를 믿고 기대하는 또 하나의 근거는 성령님도 치유하시는 성령님이라는 것입니다. 치료하시는 하나님 여호와, 우리의 질병을 담당하신 예수님, 그것을 근거로 치유를 위하여 기름 부으시는 성령님이 오늘날 각 사람에게 치유가 실현되게 하신다는 것입니다.

그러므로 우리가 성령님을 사모하여 성령님께서 임재하고 운행하는 현장이 되면 그 안에서 많은 사람이 치유될 수 있습니다.

주 여호와의 신이 내게 임하셨으니 이는 여호와께서 내게 기름을 부으사 가난한 자에게 아름다운 소식을 전하게 하려 하심이라 나를 보내사 마음이 상한 자를 고치며 포로된 자에게 자유를, 갇힌 자에게 놓임을 전파하며 (이사야 61:1).

18) 주의 성령이 내게 임하셨으니 이는 가난한 자에게 복음을 전하게 하시려고 내게 기름을 부으시고 나를 보내사 포로된 자에게 자유를, 눈먼 자에게 다시 보게 함을 전파하며 눌린 자를 자유케 하고 19) 주의 은혜의 해를 전파하게 하려 하심이라 하였더라. (누가복음 4:18-19).

이 땅에서 예수님이 사역하실 때 성령의 기름 부으심으로 치유하게 하셨다는 것이고 지금 우리도 성령의 기름 부으심을 따라 치유사역을 행할 수 있다는 것입니다. 기름을 발라 고치라는 말씀이 있습니다.

이는 무슨 물리적인 기름을 약처럼 바르라는 것이 아닐 것입니다. 이는 성령으로 기름 부으심이 있게 하라는 말씀이겠지요.

12) 제자들이 나가서 회개하라 전파하고 13) 많은 귀신을 쫓아내며 많은 병인에게 기름을 발라 고치더라 (마가복음 6:12-13).

너희 중에 병든 자가 있느냐 저는 교회의 장로들을 청할 것이요 그들은 주의 이름으로 기름을 바르며 위하여 기도할지니라 (야고보서 5:14).

연산 중앙감리교회에서 부흥회를 하는 중에 하루는 치유의 하나님이라는 제목으로 바로 이 삼위일체 하나님이 치유의 하나님이라는 메시지를 전하고 환자를 불러 앞으로 나오게 하였습니다.

나머지 사람들은 환자를 둘러서서 공동 안수하며 고침 받도록 기도하게 하였습니다. 그날 환자가 약 50명 정도 기도 받게 되었는데 나중에 담임 목사님 보고에 따르면 30명이 치유되었다고 하였습니다.

최근 들어 치유사역이 필수과목이라는 깨달음이 온 후에는 부흥회 하면서 치유의 메시지를 전하고 치유를 위한 기도를 합니다. 그러면 대략 모인 사람의 40-50%가 병이 있다고 치유기도를 받으러 나오고, 기도한 후에는 그 중 30-50%가 고침 받습니다.

하나님은 삼위 일체적으로 치유하십니다. 치료하는 여호와, 질병을 담당하신 예수님, 이를 근거로 치유를 위하여 기름 부으시는 성령님, 이 하나님을 믿는 우리에게 치유는 자연스러운 일입니다.

치유의 세계

이제 어떤 경우 어떻게 치유가 일어나는지 살펴보도록 하겠습니다. 치유에는 어떤 공식도 존재하지 않습니다. 치료하시는 하나님과 병든 자와 중보 기도자 사이에서 치유가 즉시 일어나기도 하고 오랜 시간 기도를 통하여 이루어지기도 합니다. 다만 치유가 잘 일어나는 경우와 그 원리를 살펴보자는 것입니다.

치유는 전적으로 하나님의 것입니다. 우리는 다만 그분을 믿고 의지할 뿐입니다.

첫째로 치유의 세계는 말씀의 세계입니다.
말씀이 선포되는 곳에서 치유가 일어납니다. 하나님의 말씀
이 선포되는 곳에서 창조의 역사가 일어났습니다.

하나님이 가라사대 빛이 있으라 하시매 빛이 있었고 (창세기 1:3).

창조 기사에 보면 하나님의 신 즉 성령이 운행하시는 중에
"빛이 있으라." 말씀이 선포 되면 그대로 창조의 역사가 일어났
습니다. 치유에서도 말씀이 선포될 때 성령이 운행하시면서 말
씀과 더불어 치유의 역사를 일으키십니다.
하나님의 말씀은 운동력이 있기 때문입니다. 혼과 영과 및 관
절과 골수를 찔러 쪼개는 능력이 있기에 말씀이 선포되는 곳에
서 혼이 치유되고 영이 치유되고 몸이 치유됩니다.

하나님의 말씀은 살았고 운동력이 있어 좌우에 날선 어떤 검보다
도 예리하여 혼과 영과 및 관절과 골수를 찔러 쪼개기까지 하며 또
마음의 생각과 뜻을 감찰하나니 (히브리서 4:12).

지난 6월 셋째 주 서울 북 지방 교역자 협의회에서 37명이 훈련원에 들어와 단기 특별 영성훈련을 하게 되었는데 첫시간 말씀 설교가 있은 후 저녁 시간까지 쉬는 시간에 축구들을 하였습니다. 저녁 식탁에 앉아 있는데 한 목사님이 와서 보고하였습니다.

오랫동안 관절통으로 계단을 오르내리기 힘들어 난간을 잡고 씨름하며 오르내리었는데 말씀을 듣는 중에 성령이 자기에게 임하심을 느끼며 무릎이 따뜻함을 느꼈다고 합니다. 그리고 나선 통증이 사라져서 확인할 겸 축구를 하러 나갔는데 한 시간 동안 축구를 하여도 무릎에 통증이 없고 완전히 치유되었다는 것입니다.

다음날 그분에게 간증하라 하였더니 간증한 후 다른 목사님이 나와서 첫시간 역시 허리 디스크가 고침 받아 축구를 할 수 있었다고 간증하고 다른 사모님은 퇴행성관절염을 고침 받았다고 하였습니다.

말씀이 선포되는 곳에서 치유의 역사가 일어납니다. 말씀을 경청하고 아멘으로 은혜 받으면서 고침 받은 간증이 많습니다.

그러니 우리 설교자들은 설교가 하나님의 말씀의 선포가 되도록 묵상하고 기도하고 받은 메시지를 성령으로 선포해야 합니다. 그리 되면 말씀이 곧 치유를 일으킵니다. 내적 치유 · 외적 치유가 다 일어납니다.

그리고 성도들은 말씀 선포 가운데 들려오는 하나님의 메시지에 귀 기울이면서 그분을 만나야 합니다. 그리되면 말씀이 인생을 치유합니다. 말씀이 영을 치유합니다. 말씀이 마음을 치유합니다. 말씀이 몸도 치유합니다. 게다가 치유의 메시지를 전하게 되면 치유가 더욱 직접적으로 일어납니다.

그러므로 우리는 치유 메시지도 하나님의 말씀 중 중요한 메시지임을 인식하고 믿고 선포해야 하겠습니다.

둘째로 치유의 세계는 기도의 세계입니다.

하나님은 우리가 병들었을 때에 서로 병 낫기를 위하여 기도하라 하십니다. 믿음의 기도는 병든 자를 구원한다는 것입니다.

믿음의 기도는 병든 자를 구원하리니 주께서 저를 일으키시리라 혹시 죄를 범하였을지라도 사하심을 얻으리라 (야고보서 5:15).

17) 믿는 자들에게는 이런 표적이 따르리니 곧 저희가 내 이름으로 귀신을 쫓아내며 새 방언을 말하며 18) 뱀을 집으며 무슨 독을 마실지라도 해를 받지 아니하며 병든 사람에게 손을 얹은즉 나으리라 하시더라 (마가복음 16:17-18).

한번은 사모 훈련 중 지난해에 훈련 받으시고 식당과 그룹리더로 봉사하러 오신 분이 있었는데 첫날 와서 부엌에서 일하다 말고 아프다고 방에 누웠습니다.

어디가 아픈가 하였더니 20년 동안 치질을 앓았는데 지금 너무 세어져서 아프다는 것입니다. 부엌에서 일하던 사모님들이 다 모여서 합심하여 사랑을 쏟아 부으며 땀을 흘리며 기도하였습니다. 기도 끝나자 화장실로 가더니 다 씻고 나오면서 "할렐루야 하나님이 치료하셨습니다."라고 찬양하고 부엌에 가서 다시 일하기 시작하였습니다.

다음날 훈련 중에 있는 사모들에게 간증하라 하였더니 간증하였고 간증이 끝나자 다른 사모 세 분이 자기들도 치질이라고 하여 세 그룹으로 기도하였습니다.

그 날 하나님은 우리 훈련원에 치질 클리닉을 여시고 다 고쳐 주셨습니다. 믿음으로 기도하는 것입니다. 하나님은 기도를 응답하십니다.

셋째로 치유의 세계는 말의 세계입니다. 우리가 하나님의 말씀에 근거한 말을 하면 그 말씀이 우리가 말한 대로 역사합니다. 우리가 믿는다면 '믿음의 말'을 하여야 합니다.

사람이 마음으로 믿어 의에 이르고 입으로 시인하여 구원에 이르느니라 (로마서 10:10).

그들에게 이르기를 여호와의 말씀에 나의 삶을 가리켜 맹세하노라 너희 말이 내 귀에 들린 대로 내가 너희에게 행하리니 (민수기 14:28).

나는 종종 말씀에 근거하여 "하나님이 오늘 이곳에 오셨습니다." 그리고 "오늘 여러분을 치유하십니다."라고 선포하고 말합니다. 그때 하나님은 역사하는 경우가 많았습니다.

우리가 믿음의 말을 하면 믿음의 말대로 됩니다. 하나님은 이스라엘이 불신앙의 말을 했을 때 "너희 말이 내 귀에 들린 대로 내가 너희에게 행하리라"고 하셨습니다.

이스라엘은 하나님을 불신하는 말을 한 대로 가나안에 들어가지 못하고 광야에서 다 죽고 신세대만 들어갔습니다. 구세대로서 가나안에 들어간 사람은 믿음의 말을 했던 여호수아와 갈렙 뿐이었습니다.

우리는 믿음의 말을 하여야 합니다. 말씀대로 믿고 말하여야합니다. "여호와는 치료하시는 하나님입니다." 말씀에 근거하여 "치료의 하나님이 나의 질병을 치료하셨습니다."라고 말할 수 있는 믿음이면 그 말대로 치유됩니다.

"예수님이 나의 질병을 담당하셨으므로 나의 질병은 떠나갔습니다."라고 말하면 말대로 됩니다. "성령님이 치유의 영으로 오시며 치유하십니다. 그분이 나의 병도 치유하십니다."라고 믿고 말하면 치유됩니다. 하나님은 믿음의 말을 들으시고 인치시기 때문입니다.

몇 해 전 훈련을 진행하다가 훈련생 중에 환자들이 있다고 하여 치유를 위한 기도를 하기로 했습니다. 치유받기를 원하는 사람 나오라 하니 10명이 나왔습니다. 그들을 놓고 나머지 사람들이 각각 분담하여 사랑의 중보기도를 하며 치유를 위하여 기도하였습니다.

다음 날 확인하고 간증을 하라했더니 세 명이 고침 받았다고 간증했습니다. 그래서 나머지 7명을 위하여 한번 더 기도하기로 하였습니다. 그 시간에는 나도 기도를 받겠다고 하였습니다. 왜냐하면 치통이 심해서 음식을 씹을 때 신경을 건드리면서 찍찍 통증을 느끼게 해서 치과에 갔었지만 정확하게 어떤 치아인지 찾지 못하고 고생하고 있던 터인지라 고침 받고 싶었습니다.

내가 내려가자 이제야 믿음이 오는지 용기가 오는지 기도받겠다고 나오는 사람이 있어서 도로 환자가 10명이 나와 기도를 받게 되었습니다. 내가 기도를 받게 되니까 기도를 진행하고 대표 기도하여 마무리 할 사람이 필요해서 제일 나이 어린 전도사님에게 그 일을 맡겼습니다.

전도사님이 할 수 있으면 누구라도 할 수 있다는 것도 보일 겸 막내가 대표로 기도 인도하고 대표로 선포하고 마감 기도하도록 했지요.

기도가 한동안 진행되고 나서 전도사님이 마감 기도하면서 선포와 명령 기도도 본대로 배운 대로 시행하였습니다.

보통 "○○○ 목사님의 치통은 치유될지어다." 이렇게 선포하는데 이 전도사님이 기도할 때는 "이강천 목사의 치통은 치유되었느니라." 그렇게 선포하였습니다. 나는 아멘 하였습니다.

기도가 끝난 후 어떻게 내 기도할 때는 이미 치유된 것으로 선포하게 되었느냐고 물었더니 자신은 모른다고 했습니다. 나는 성령께서 하게 하신 선포인 줄 믿고 믿음으로 나은 것으로 알고 저녁 식탁에 갔습니다.

첫 숟가락 통 나물을 한 젓가락 집어넣고 그 치통이 있던 왼쪽으로 씹었습니다. 찍하고 통증이 왔습니다. 전혀 변화가 없었지요. 내가 왼쪽으로는 더 이상 씹지 못하고 오른쪽으로 간신히 씹어 삼키고는 말했습니다.

"치통아 네가 예수의 이름을 무엇으로 알고 예수 이름으로 선포되었거늘 아직 남아 있단 말이야 썩 사라질 지어다!"

그리고는 다시 한 젓가락 넣고 왼쪽으로 씹었습니다. 다시 찍하고 통증이 치밀었습니다.

"아직 안 나았잖아." 이렇게 말할 뻔 했습니다. 그러나 나는 다시 믿음을 가다듬고 말했습니다.

"치통아 너는 떠나야 해. 예수 이름으로 명령을 받았잖아 속히 떠나가거라."

그리고는 다시 한 젓가락 집어 왼쪽으로 씹었습니다. 여전히 찍하고 통증이 왔습니다. 잠시 갈등이 생깁니다. 아니야! 이것은 고침 받은 것이야 생각하고 다시 말했습니다.

"치통아 내가 분명이 말한다. 너는 떠나가라. 나는 예수 이름으로 치유되었느니라. 나는 내 왼쪽으로 씹을 것이야."

어린아이 같은 믿음으로 말해야 했습니다. 그리고 왼쪽으로 씹었습니다. 통증이 걸리지 않습니다. 그 후 지금까지 3년 동안 통증을 느끼지 않습니다. 치통이 사라진 것입니다. 믿음의 말을 주님은 인치시고 응답하셨습니다.

아울러 기본적으로 우리는 긍정적인 말을 하여야 합니다. 사실 몸이 병든 것보다 더 나쁜 것은 인생이 병드는 것입니다. 부정적인 말을 하며 사는 사람은 인생이 병듭니다. 인생이 병들면 몸도 병드는 것은 당연합니다.

긍정적인 말은 긍정적인 인생을 가져 옵니다. 긍정적인 생각은 긍정적인 인생을 낳고 긍정적인 말은 긍정적인 역사를 만듭니다. 그러므로 긍정적인 말을 사용하는 것이 중요합니다.

나는 몸이 늘 약해서 어려움을 겪곤 하였습니다. 그리고 늘 내 입에서 피곤하다는 말이 떠나지 못했습니다. 그러던 어느 날 긍정적인 말의 중요성을 깨닫고 피곤하다는 부정적인 말을 내 입에서 제하여 버리기로 하였습니다. 피곤하다는 표현을 하고 싶으면 "나, 내일은 박력 있게 일어날 거야!"라고 말했습니다.

아침에 일어날 때부터 몸이 무거우면 짜증을 내며 일어나던 습관을 고치기로 했습니다. 몸이 무거우면 "할렐루야" 소리치며 이불을 걷어찹니다. 그리고 일어나서 "할렐루야, 우리 예수 부활 승천 하셨네" 하며 부활찬송을 불러 버립니다.

그런데 이렇게 부정적인 말을 제하고 긍정적인 말을 하게 되자 몇 달 안가서 나는 피곤을 잊고 살게 되고 상당히 몸이 좋아지고 거뜬해 지는 축복을 누리게 되었습니다.

또한 늘 감사하다는 말을 사용해야 합니다. 감사는 하나님의 축복의 세계에 코드를 꽂는 것과 같습니다. 감사하는 말만 하며 살면 그 인생은 축복 받습니다. 건강해 집니다.

일본 목사님이 쓴 글을 읽다가 이런 간증을 발견했습니다. 신자 중에 한 사람이 반신불수가 되었답니다. 그를 위하여 기도할 때 성령께서 가르치시기를

"그 녀석은 내 은혜의 치유를 받기 위하여 말부터 고쳐야 하느니라. 그는 입만 열면 불평이요 짜증이요 원망이다. 그에게 감사의 말을 연습하라고 말해주어라."

그리하여 그 목사님은 그 신자에게 가서 하루에 만 번씩 감사의 말을 하도록 숙제를 냈습니다. 다행이 그 환자는 그 목사님

의 말을 받아들여 매일 만 번씩 감사의 말을 하나님을 향하여 사람을 향하여 "감사합니다. 고맙습니다." 그렇게 종일 말하곤 했습니다.

몇 개월 지나서 그는 수족이 풀리고 건강을 회복하게 되었다는 것입니다. 과연 감사는 하나님을 신뢰하는 것이고 하나님의 축복의 세계에 코드를 꽂는 일입니다. 감사의 말은 축복을 부르고 감사의 말은 인생을 건강하게 만듭니다.

넷째로 치유의 세계는 믿음의 세계입니다.

하나님을 믿는 믿음으로 말미암아 우리는 일어날 수 있습니다. 일단 믿음이 오면 치유가 일어납니다. 우리는 믿어야 하고 또한 믿음의 은사를 받아야 합니다.

이에 예수께서 저희 눈을 만지시며 가라사대 너희 믿음대로 되라 하신대 (마태복음 9:29)

말씀을 믿을 것

이는 선지자 이사야로 하신 말씀에 우리 연약한 것을 친히 담당하시고 병을 짊어 지셨도다 함을 이루려 하심이더라 (마태복음 8:17).

기도응답을 믿을 것

그러므로 내가 너희에게 말하노니 무엇이든지 기도하고 구하는 것
은 받은 줄로 믿으라 그리하면 너희에게 그대로 되리라 (마가복음
11:24).

말한 것을 믿을 것

가라사대 너희 믿음이 적은 연고니라 진실로 너희에게 이르노니
너희가 만일 믿음이 한 겨자씨만큼만 있으면 이 산을 명하여 여기
서 저기로 옮기라 하여도 옮길 것이요 또 너희가 못할 것이 없으리
라 (마태복음 17:20).

부산에 있는 한 교회에서 일일 부흥회를 하는데 오후 시간에
환자를 위한 기도 시간을 갖고 아픈 사람은 일어나라고 하였습
니다. 많은 사람이 일어났습니다. 그런데 그 중에 다리가 아파
서 혼자 걷지 못하고 다른 사람의 부축을 받고 교회에 온 분이
있었습니다. 그래서 다리 아픈 사람 고쳐 주고 일어나라 하여야
지 일어나면 고쳐 주겠다고 하면 나는 어떻게 하란 말이야 하면
서 투덜대고 있는데 "일어나라 하면 일어날 것이지 무슨 잔소리
가 많은가" 하며 누가 뒤통수를 때려서 깜짝 놀라 일어나 둘러

치유의 세계는 믿음의 세계입니다.

하나님을 믿는 믿음으로 말미암아 우리는 일어날 수 있습니다.

일단 믿음이 오면 치유가 일어납니다.

우리는 믿어야 하고 또한 믿음의 은사를 받아야 합니다.

보니 아무도 자기를 때린 사람이 없고 자신은 일어나 있었고 그 시로 고침 받아 걸어갔다고 보고하였습니다. 이처럼 하나님은 믿음 없음을 도우시기도 하십니다. 믿음 그것이 치유의 세계를 엽니다. 믿음은 치유하시는 하나님께 자신을 연결하는 끈입니다.

케네쓰 해긴 목사님의 글에 이런 이야기가 있더군요. 해긴 목사님이 치유 집회를 하고 있는데 어느 날 설교 현장으로 들어가는 입구에서 어떤 신자가 기다리더니 해긴 목사님을 붙들고 지금 즉시 자기를 위하여 안수하여 달라고 보챘습니다. 그 교회 담임 목사님이 이를 제지하며 말했습니다.

"설교 후에는 일일이 안수해 줄 것인데 기다리고 은혜 받고 안수 받으시지 왜 이러십니까?"

"저 바쁘단 말입니다."

"무엇이 그리 바쁩니까?"

"저 너무 아파서 앉아 있지도 못합니다. 얼른 안수 받고 가서 침대에 누워야 합니다."

이 정도의 믿음밖에 되지 못한다면 안수한들 무슨 치유를 받을 수 있겠습니까? 믿음은 보편적인 은혜를 내 것으로 만드는 열쇠입니다. 믿음으로 말씀을 붙들고 말씀대로 선포하고 믿음으로 기도하고 기도하는 바를 믿고 말하고 말한 바를 믿고 믿으면 믿음대로 주님이 응답하시는 역사를 보는 것입니다.

다섯째로 치유의 세계는 찬양의 세계입니다. 찬양하는 시간에 주님이 자주 치유하십니다. 찬양 받으시는 주님이 찬양 가운데 임하신다는 것을 보여 주는 것이지요.

내 영혼아 여호와를 송축하며 그 모든 은택을 잊지 말지어다 3 저가 네 모든 죄악을 사하시며 네 모든 병을 고치시며 (시편 103:2).

이스라엘의 찬송 중에 거하시는 주여 주는 거룩하시니이다. (시편 22:3).

우리 훈련원에서는 찬양하다가 고침 받은 간증도 자주 있습니다. 한번은 어깨 디스크 환자인 목사님이 계셨는데 찬양 예배 드리는 중에 찬양 인도자가 손을 올리고 찬양하자고 하니까 자기가 어깨 디스크 환자라서 손을 못 올린다는 것을 잊어버리고 손을 들어 올리고 찬양하게 되었습니다.

한참 찬양하다 보니까 자기가 손을 높이 들어 올리고 찬양하고 있었습니다. 그는 감격하였습니다. 아마 그가 나는 어깨 디스크 환자라 손을 못 든다고 생각했다면 손을 들지 못했을 것입니다. 그것을 잊어버리고 오직 주님만 찬양했기에 손이 올라갔고 치유되었습니다.

13년 전에 다리의 인대가 끊어지고 또 인대가 썩어서 인공 인대를 넣어 수술한 목사님이 우리 훈련원에 오신 적이 있습니다. 의사가 말한 대로 뻗정다리라도 걷기만 하여도 감사한 것이라고 걷는 것에 감사하고 살았답니다.

그러나 그래도 목사로서 무릎을 꿇고 기도하고 싶다는 소원이 있었다고 합니다. 그러면서도 자기는 무릎을 꿇을 수 없는 운명이 된 거라고 생각하여 기도하지도 않았답니다.

그런데 여기 바나바 영성 수련회에 와서 다른 목사님들 치유 간증을 들으면서 전능하신 하나님이 손을 대시면 인공인대로 수술한 경우인들 못 고칠 것이 있겠나 하는 믿음이 생겨서 무릎 꿇고 기도할 수 있게 해 달라고 기도하기 시작하였다는 간증을 하였습니다.

다음날 강의하러 나가니 그 목사님이 맨 먼저 강의실에 앉아 학습준비를 하고 계셨습니다. 그를 보고 내 마음에 도전이 왔습니다. 그래서 내가 말했습니다.

"목사님, 언젠가는 고침 받고 무릎 꿇을 수 있는 날이 오리라는 믿음을 갖게 되었다고 간증하셨는데 오늘이 그날이 되게 합시다."

"네? 오늘요?"

"네. 바로 오늘입니다. 오늘 무릎 꿇는 것입니다."

"아, 그래요. 오늘요? 그러지요. 뭐, 기도해 주세요."

치유의 세계는 찬양의 세계입니다.

찬양하는 시간에 주님이 자주 치유하십니다.

찬양 받으시는 주님이 찬양 가운데 임하신다는 것을

보여 주는 것이지요.

오신 목사님들이 다 입실하였습니다. 그래서 오늘 목사님 무릎 꿇는 날이 되게 다 같이 기도하자고 제안했습니다. 그 목사님을 의자에 앉히고 다 나와서 둘러섰습니다. 그리고 간절히 기도했습니다.

기도가 끝났는데 그 목사님은 무릎을 꿇어 보지 않고 그냥 다른 사람을 의지해서 자기 의자로 옮겨갔습니다. 그래서 나는 그대로 강의를 했습니다. 당장에는 아무것도 응답으로 나타나지 않은 것 같았습니다.

마지막 찬양으로 예배하는데 갑자기 그 목사님이 무릎을 꿇고 감격하며 눈물로 찬양하는 것입니다. 찬양하고 있을 때

"내가 다 고쳐주었거늘 어찌하여 무릎을 꿇지 않느냐?"

는 음성이 들려와 그대로 무릎을 꿇었다는 것입니다. 너무 감격하여 서서 찬양하는 시간 내내 자신은 무릎 꿇고 감사하고 눈물로 찬양하게 되었고 마이크 잡고 우리에게 간증하였으며 교회에 돌아가 신자들에게 간증하며 감격과 눈물로 하나님의 사랑과 능력을 간증하였다고 하더군요. 찬양 중에 거하시는 주님을 만난 것입니다.

치유 기도의 요건

치유기도를 하는 사람은 다음 세 가지를 필요로 합니다.

첫째로 믿음이 필요합니다.

병자를 치유하기 위하여 기도하는 사람은 말할 것도 없이 주님이 치료하신다는 것을 믿는 믿음으로 손을 얹어야 합니다. 믿는 자들에게는 표적이 따르는데 손을 얹은즉 나으리라 말씀하셨습니다. 그리고 믿음의 기도는 병든 자를 구원한다고 말씀하십니다. 사람들이 중풍병자를 메어 가지고 예수님께로 왔을 때 예수님은 저희의 믿음을 보시고 치유하셨습니다. 데려온 사람들의 믿음이 포함된 것입니다.

17) 믿는 자들에게는 이런 표적이 따르리니 곧 저희가 내 이름으로 귀신을 쫓아내며 새 방언을 말하며 18) 뱀을 집으며 무슨 독을 마실지라도 해를 받지 아니하며 병든 사람에게 손을 얹은즉 나으리라 하시더라 (마가복음 16:17-18).

믿음의 기도는 병든 자를 구원하리니 주께서 저를 일으키시리라 혹시 죄를 범하였을지라도 사하심을 얻으리라 (야고보서 5:15).

침상에 누운 중풍병자를 사람들이 데리고 오거늘 예수께서 저희의
믿음을 보시고 중풍병자에게 이르시되 소자야 안심하라 네 죄 사
함을 받았느니라 (마태복음 9:2).

둘째로 사랑이 필요합니다.

중보 기도자들은 믿음만이 아니라 사랑을 품고 기도해야 합
니다. 병자를 불쌍히 여기는 마음(Compassion)을 품고 기도해야
합니다. 단순히 능력을 믿고 능력을 나타내는 식의 기도가 아니
라 병자를 불쌍히 여기는 사랑의 마음으로 기도하여야 하고 그
만큼 간절하게 기도하여야 합니다. 예수님이 병자를 치유하시
는 사역을 할 때도 불쌍히 여기는 마음을 품고 치유하셨습니다.
백부장의 종이 병들었을 때도 사랑하는 마음에 고쳐 달라고 강
청합니다. 나사로가 병들어 죽었을 때도 예수님은 눈물을 흘리
실 만큼 사랑하심으로 그를 살리셨습니다. 사랑과 긍휼의 마음
으로 기도할 때 주님은 뜨겁게 역사하십니다.

예수께서 나오사 큰 무리를 보시고 불쌍히 여기사 그 중에 있는 병
인을 고쳐 주시니라(마태복음 14:14).

2) 어떤 백부장의 사랑하는 종이 병들어 죽게 되었더니 3) 예수의
소문을 듣고 유대인의 장로 몇을 보내어 오셔서 그 종을 구원하시

병자를 치유하기 위하여 기도하는 사람은 말할 것도 없이 주님이 치료하신 다는 것을 믿는 믿음으로 손을 얹어야 합니다. 믿는 자들에게는 표적이 따르는 데 손을 얹은즉 나으리라 말씀하셨습니다. 그리고 믿음의 기도는 병든 자를 구원한다고 말씀하십니다. 사람들이 중풍병자를 메어 가지고 예수님께로 왔을 때 예수님은 저희의 믿음을 보시고 치유하셨습니다. 데려온 사람들의 믿음이 포함된 것입니다.

기를 청한지라 4) 이에 저희가 예수께 나아와 간절히 구하여 가로되 이 일을 하시는 것이 이 사람에게는 합당하니이다. 5) 저가 우리 민족을 사랑하고 또한 우리를 위하여 회당을 지었나이다 하니 (누가복음 7:2-5).

3) 이에 그 누이들이 예수께 사람을 보내어 가로되 주여 보시옵소서 사랑하시는 자가 병들었나이다 하니 4) 예수께서 들으시고 가라사대 이 병은 죽을 병이 아니라 하나님의 영광을 위함이요 하나님의 아들로 이를 인하여 영광을 얻게 하려 함이라 하시더라 5) 예수께서 본래 마르다와 그 동생과 나사로를 사랑하시더니 (요한복음 11:3-5).

그러니까 중보 기도자는 사랑으로 역사하는 믿음을 가진 자여야 합니다.

그리스도 예수 안에서는 할례나 무 할례가 효력이 없되 사랑으로써 역사하는 믿음뿐이니라 (갈라디아서 5:6).

셋째로 겸손이 필요합니다.
우리가 병든 자에게 손을 얹어 안수할 수 있는 것은 우리 자신이 능력이 있어서가 아닙니다. 우리는 예수님의 은혜와 그 이름의 권세와 성령님의 능력을 의지할 뿐입니다. 내가 능력이 있어서이고 내가 기도를 많이 하여서 병든 자를 고치는 것이라면 나는 안수할 자신이 없습니다. 그러나 병 고치는 은혜는 나 자신의 능력이나 경건에 의존하는 것이 아니라 예수 이름의 권세요, 주님의 은혜에 근거하기에 나는 순종함으로 손을 얹습니다.

베드로가 이것을 보고 백성에게 말하되 이스라엘 사람들아 이 일을 왜 기이히 여기느냐 우리 개인의 권능과 경건으로 이 사람을 걷게 한 것처럼 왜 우리를 주목하느냐 (사도행전 3:12).

치유기도를 받는 자는 다음 두 가지를 필요로 합니다.

첫째로 믿음이 필요합니다. 기도 받는 병자에게도 절대적으로 필요한 것은 믿음입니다. 창조주 하나님 치료자 하나님에 대한 믿음입니다. 예수님이 병자를 고치실 때 네가 믿느냐고 질문하신 경우가 많습니다. 그리고 믿음대로 구원을 받으라고 선포하시기도 하십니다.

예수께서 돌이켜 그를 보시며 가라사대 딸아 안심하라 네 믿음이 너를 구원하였다 하시니 여자가 그 시로 구원을 받으니라 (마태복음 9:22).

예수께서 집에 들어가시매 소경들이 나아오거늘 예수께서 이르시
되 내가 능히 이 일 할 줄을 믿느냐 대답하되 주여 그러하오이다
하니 29 이에 예수께서 저희 눈을 만지시며 가라사대 너희 믿음대
로 되라 하신대 (마태복음 9:28).

둘째로 회개가 필요합니다. 기도 받는 사람도 함께 기도하되
특별히 병자는 혹시 죄가 없는지 살피는 기도를 하고 죄가 생각
나면 즉시 고백하는 기도를 하는 것이 좋습니다. 혹시라도 죄가
있을 지도 모르니 죄를 회개하는 일은 치유의 지름길입니다. 회
개하면 죄가 있을지라도 사하실 것입니다. 자신을 살피고 돌아
보는 기도를 한다는 것은 유익한 일입니다. 그렇다고 환자 모두
가 특별한 죄를 가지고 있다는 것을 전제하는 것은 아닙니다.
병든 자는 다 죄인으로 몰아붙여 회개하라고 하면 좋지 않습니
다. "죄가 있을지라도 사하실 주님께 혹시 죄가 있는지 살피고
고백할 수 있으면 좋습니다." 그렇게 인도하여야 합니다.

믿음의 기도는 병든 자를 구원하리니 주께서 저를 일으키시리라
혹시 죄를 범하였을지라도 사하심을 얻으리라 (야고보서 5:15).

치유를 위한 기도의 종류

1) 사랑의 강청하는 기도

치유를 위한 기도는 강청하는 사랑의 중보기도가 기본입니다. 사랑을 쏟아 부으며 간절히 부르짖어 강청하는 기도가 교회 공동체 안에서 기본적인 중보 기도가 되어야 합니다. 여기서 교회 공동체는 서로 간 사랑하는 법을 배우고 실천하게 됩니다.

내가 너희에게 말하노니 비록 벗됨을 인하여서는 일어나 주지 아니할지라도 그 강청함을 인하여 일어나 그 소용대로 주리라 (누가복음 11:8).

어느 때나 하나님을 본 사람이 없으되 만일 우리가 서로 사랑하면 하나님이 우리 안에 거하시고 그의 사랑이 우리 안에 온전히 이루느니라 (요한일서 4:12).

2) 명령과 선포기도

그러나 동시에 치유 기도는 믿음으로 예수 이름으로 명령하고 선포하는 기도를 포함합니다. 예수님께서 베드로의 장모가 열병을 앓을 때 열병을 꾸짖어 고치셨다는 기록이 있습니다. 많은 경우 말씀으로 고치셨습니다. 그리고 예수께서 제자들을 전도 파송할 때 가서 복음을 전파하며 동시에 병든 자를 고치라고 하셨습니다. 병든 자를 고쳐 달라고 기도하는 것만이 아니라 고치라는 것입니다.

베드로는 성전 미문의 앉은뱅이에게 그냥 예수 이름으로 명령했습니다. 바울 사도도 발을 쓰지 못하는 사람에게 네 발로 일어서라 하고 명령했습니다. 이것이 제자들이 받은 대로 병을 고치는 모습일 것입니다. 우리는 질병과 병마가 떠나가라고 예수님 이름으로 명령할 수 있습니다. 병에서 고침 받으라고 예수 이름으로 명령하는 것입니다.

38) 예수께서 일어나 회당에서 나가사 시몬의 집에 들어가시니 시몬의 장모가 중한 열병에 붙들린지라 사람이 저를 위하여 예수께 구하니 39) 예수께서 가까이 서서 열병을 꾸짖으신대 병이 떠나고 여자가 곧 일어나 저희에게 수종드니라(누가복음 4:38-39).

저물매 사람들이 귀신들린 자를 많이 데리고 예수께 오거늘 예수께서 말씀으로 귀신들을 쫓아내시고 병든 자를 다 고치시니 (마태복음 8:16).

베드로가 가로되 은과 금은 내게 없거니와 내게 있는 것으로 네게 주노니 곧 나사렛 예수 그리스도의 이름으로 걸으라 하고 (사도행전 3:6).

8) 루스드라에 발을 쓰지 못하는 한 사람이 있어 앉았는데 나면서 앉은뱅이 되어 걸어 본 적이 없는 자라 9) 바울의 말하는 것을 듣거늘 바울이 주목하여 구원받을 만한 믿음이 그에게 있는 것을 보고 10) 큰 소리로 가로되 네 발로 바로 일어서라 하니 그 사람이 뛰어 걷는지라 (사도행전 14:8-10).

자유와 능력을 경험하다

송미영 집사 인천성산교회

　지난해 5월 제자훈련을 할 것이라고 선포하시는 목사님의 말씀을 듣고 머리는 무거워지기 시작했습니다. 말 그대로 제자훈련인데 교육 받고 나면 얼마나 구속 받을까 하는 염려로 사모님의 권유를 끝까지 거절하였습니다. 그러나 제자훈련 첫날 시작 20분전 교육을 안 받으면 평안할 줄 알았는데 마음이 더 불안하고 초조하여 이럴 바에는 교육을 받아보자 결심하고 성경구절도 찾지 못한 채로 첫 시간을 참석하게 되었습니다. 성경공부를 하는 동안 불안한 생각과는 달리 평소에 알고 싶었던 성경말씀들이 깨달아지며 호감이 갔습니다.

　특히 주님을 영접했음에도 불구하고 주님과의 영적 교제를 할 수 없던 나는 "기도"과목에 관심이 있었고 그래 색연필로 표를 하며 6월 12일 제1단원 기도 과목에 임했고 기도생활의 걸림돌이 깨달아지고 그간 나는 기독교신자로 시부모는 불교 신자로 있는 가정 형편에서 중간에 난처한 남편 입장을 생각해 너무 마음 아팠는데 문제는 이것도 아니고 저것도 아닌 양다리 걸치기 신앙생활을 하고 있었다는 것, 그래서 혼란만 가중시키고 있었고 기도도 못하는 신자였었다는 것을 분석하고 확실한 주님 신앙을 위해 남편의 불교의식을 완전히 버리기로 결심하고 기도하는 순간 주님 품에 안기어 한없는 눈물과 "이제 주님 밖에 없습니다."라고 고백하였습니다. 6월13일 어제의 확신과 기쁨이 유지 되면서 주님과의 교제가 이루어지는 것을 체험하기 시작했고 남편과는 일단 영적으로 분리됨을 느꼈으며 내가 먼저 하나님 나라의 삶을 살고 "당신을 꼭 전도하겠노라"고 고백하며 마치 친정집을 떠나 시집오던 날처럼 새로운 변화의 출발을 느꼈습니다. 그동안 묶였던 올무에서 신앙의 해방감 영적 자유를 느꼈으며 기쁨이 일었습니다. 6월 14일 마침 우리교회의 금요 철야기도가 있는데 처음 참석하면서 마음이 설레었습니다. 목사님께서 차례로 안수 기도를 하는데 나의 머리에 손을 얹자 척하고 끌어당기는 느낌과 뜨거운 느낌을 받으며 내 혀는 생각지도 못하게 돌아가 방언을 하고 있었습니다.

방언으로 기도하는 동안 "남편을 너와 같은 어려움 없이 구원시키겠다. 시집에서 선교사 역할을 하라."는 음성이 들리므로 한편은 무거운 책임감과 한편은 하나님이 해 주시리라는 믿음으로 평안한 중에 기도하였습니다. 이 약속은 계속해서 나를 격려하며 힘을 공급하는 약속이 되었습니다. 은혜생활을 하는 동안 꿈을 통해서도 자녀와의 생활에 대하여도 깨닫게 하고 생활의 우선순위도 깨닫게 되고 자신을 돌아보는 시간들을 갖게 되었습니다. 이렇게 영적인 자유와 확신과 기쁨으로 살아가는 동안 하나님은 큰 보너스도 주셨습니다. 5년 계획으로 집을 장만하려 하고 있었는데 참으로 예기치 못했던 방법으로 1년을 앞당겨 집을 장만하는 일도 이끌어 주셨습니다. 이제 나와 제자반원들은 말씀묵상을 통하여 매일 주님의 인도를 받으며 살고 신앙관이 정립되어 가고 있음을 느낍니다. 그래서 더욱 말씀묵상이 생활화 되도록 노력하고 있습니다. 모든 성도를 이끄시며 제자반을 통해 우리를 양육하시는데 힘쓰시는 목사님께 감사하며 주님을 찬양합니다.

3 은사는 여러 가지나 성령은 같고
직임은 여러 가지나 주는 같으며
또 역사는 여러 가지나 모든 것을 모든 사람 가운데서
역사하시는 하나님은 같으니

성령의

은사

우리가 성령 사역을 하고자 할 때 성령의 은사를 사모하여야 합니다. 하나님께서 우리의 능력 있는 사역을 위하여 주시는 것이 각양의 성령 은사이기 때문입니다. 성령 사역은 은사 사역과 무관하게 행해질 수 없습니다.

성령께서 우리에게 은사를 주시고 그 은사로 사역하게 하시기에 우리의 사역은 능력 있는 사역이 되는 것입니다. 그렇다고 은사 지상주의로 가서도 안 되겠지만 은사를 무시하거나 모른 채 성령 사역을 할 수는 없습니다.

이제 고린도전서 12장에서 14장을 통하여 은사란 무엇인가 고민해 보도록 합시다.

보편적 은혜와 특수한 은혜 / 고린도전서 12:1-3

1) 형제들아 신령한 것에 대하여는 내가 너희의 알지 못하기를 원치 아니하노니 2) 너희도 알거니와 너희가 이방인으로 있을 때에 말 못하는 우상에게로 끄는 그대로 끌려갔느니라. 3) 그러므로 내가 너희에게 알게 하노니 하나님의 영으로 말하는 자는 누구든지 예수를 저주할 자라 하지 않고 또 성령으로 아니하고는 누구든지 예수를 주시라 할 수 없느니라.

본문의 말씀은 그리스도인이라면 누구나 다 받고 누려야 할 기본적인 성령의 은혜, 보편적인 성령의 은혜를 전제하고 있습니다. 그것은 성령으로 말미암아 예수님을 구주와 주님으로 믿게 된다는 것입니다. 예수 믿어 구원 받았다는 것, 거듭났다는 것은 기본적으로 성령의 보편적인 은혜를 받고 있다는 것입니다.

예수 믿는다는 것은 이미 성령의 은혜 아래 있고 성령과의 교제가 시작되었다는 것을 의미합니다. 이 성령의 은혜는 그리스도인이라면 이미 받은 것입니다. 그러므로 은사를 받지 못했다고 해서 성령을 받지 못한 것으로 단정할 수는 없습니다.

동시에 구원 받은 사람은 은사를 안 받아도 된다고 말해서도 안 됩니다. 은사는 이 보편적 은혜에 속한 것이 아니라 특수한 은혜입니다. 사역을 위하여 주시는 특별한 능력을 은사라 하는 것입니다.

은사 직임 역사 / 고린도전서 12:4-6

4) 은사는 여러 가지나 성령은 같고 5) 직임은 여러 가지나 주는 같으며 6) 또 역사는 여러 가지나 모든 것을 모든 사람 가운데서 역사하시는 하나님은 같으니

이제 능력으로서의 은혜라는 특수한 은혜의 세계로 여러분을 인도하고자 합니다.

성령의 특별한 은혜는 3가지 방면으로 설명할 수 있습니다. 그것을 은사 직임 역사라는 말로 표현합니다. 그러면 은사 직임 역사는 각각 어떤 것이며 이러한 구분에 대한 이해가 왜 중요할까요?

본문을 보면 은사는 성령, 직임은 주, 역사는 하나님이 하시는 것으로 표현하여 성령의 특수한 은혜란 삼위일체 하나님이 주도적으로 주시는 은혜요, 축복임을 설명하고 있습니다. 그러면 각각 어떻게 이해하면 좋겠습니까?

은사란 성령으로 말미암은 사역의 능력을 의미한다고 봅니

다. 직임은 특정 은사를 주 사역으로 하여 복음 사역, 교회 성장을 위한 사역을 하도록 정하여 준 직책과 임무라고 보겠습니다.

그리고 역사는 우리의 사역 현장에 함께 하셔서 행하시는 성령의 역사를 의미합니다.

은사 / 몸 된 교회의 활력을 위하여 주시는 사역의 능력

직임 / 특별한 은사로 말미암아 맡게 되는 특별한 사역 임무

역사 / 성령과 동행하며 사역할 때 나타내시는 성령의 능력

이것을 신유은사로 비교해 본다면 신유의 은사란 성령의 능력으로 병을 고치는 능력을 부여하시는 것을 의미합니다. 신유의 직임이란 신유의 은사를 사용하여 복음사역, 교회부흥을 위한 사역에 전적으로 사역하도록 주신 사명과 직분을 의미합니다. 은사는 좀 더 보편적이지만 직임은 정해진 보다 특별한 분야입니다.

신유의 은사는 말씀 사역자나 예언 사역자가 받아 사용하는 조금은 보편적인 능력이지만 신유의 직임이란 신유의 은사를 주 사역으로 하여 일하도록 하신 것입니다. 이러한 경우는 집회를 해도 신유집회를 하게 됩니다. 이에 비하여 신유의 역사란 직임처럼 특정인에게 주신 것이 아니고 사역하는 동안 성령께

서 함께 하셔서 일으키고 행하시는 역사를 의미합니다.

저의 경우는 설교할 때 치유의 역사가 종종 일어나고 있음이 보고되는데 이는 성령의 신유의 역사입니다. 신유의 은사가 있는 사람이 안수하여 기도하면 병 고침이 잘 일어납니다. 박동희 장로님이나 현신애 권사님 같은 경우는 특별히 신유의 은사를 더 강하게 보장하여 신유를 통하여 전도하고 교회 부흥에 이바지 하도록 하였다고 보는데 이는 직임이라고 볼 수 있습니다.

그러나 모두 하나님께서 성령을 통하여 이루시는 일들입니다. 은사와 직임과 역사의 이해가 중요한 것은 고린도전서에 은사와 직임의 명단이 나오는데 이를 다 은사로만 이해하면 모순점이 발견된다는 것입니다. 이점은 그 부분에 가서 설명하기로 하지요.

성령의 나타남의 은사 / 고린도전서 12:7-11

7) 각 사람에게 성령의 나타남을 주심은 유익하게 하려 하심이라 8) 어떤 이에게는 성령으로 말미암아 지혜의 말씀을, 어떤 이에게는 같은 성령을 따라 지식의 말씀을, 9) 다른 이에게는 같은 성령으로 믿음을, 어떤 이에게는 한 성령으로 병 고치는 은사를, 10) 어떤 이에게는 능력 행함을, 어떤 이에게는 예언함을, 어떤 이에게는 영들 분별

함을, 다른 이에게는 각종 방언 말함을, 어떤 이에게는 방언들 통역함을 주시나니 11) 이 모든 일은 같은 한 성령이 행하사 그 뜻대로 각 사람에게 나눠 주시느니라

이제 이 부분은 성령의 은사를 본격적으로 언급합니다. 보편적으로 주시는 성령님의 은사의 명단이 일단 9가지 언급되고 있습니다. 이것들은 교회의 활력과 능력있는 사역을 위하여 주시는 성령님의 능력들입니다. 여기서 우선 은사를 주심은 교회공동체를 유익하게 하려하는 것임을 분명히 해야 합니다.

1) **지혜의 말씀** 직접적으로는 학습하지 않은 것이라도 상황 상황에 대처하여 선을 이루고 하나님의 뜻을 이루게 하는 지혜의 말을 주심입니다.

2) **지식의 말씀** 인간적으로 학습하지 않은 것을 알게 하시는 은사이며 성경을 깨닫게 하는 지식은 물론 어떤 경우든 사역의 효과를 위하여 알게 하는 지식을 의미합니다. 영적 지식이든 과학적 지식이든 그 한계는 없을 것입니다.

3) **믿음** 인간의 계산을 뛰어 넘는 일에 믿음을 주시는 은사입니다.

3) 신유 성령으로 병 고침의 능력입니다.

4) 능력 행함 사람의 한계를 넘어 기적을 행하는 능력입니다.

5) 예언 신탁의 말씀, 즉 성령이 말하게 하셔서 선포하는 메시지입니다.

6) 영분별 예언이나 통역이 성령에게서 온 것인지 분별하는 능력 입니다.

7) 방언 영적 언어로서의 기도의 은사, 때로는 현장언어로서 전도 언어, 배우지 않은 언어를 말하는 능력입니다.

8) 통역 방언의 의미를 알아듣는 능력입니다.

은사와 몸의 원리 고린도전서 12:12-27

12) 몸은 하나인데 많은 지체가 있고 몸의 지체가 많으나 한 몸임과 같이 그리스도도 그러하니라. 13) 우리가 유대인이나 헬라인이나 종이나 자유자나 다 한 성령으로 세례를 받아 한 몸이 되었고

은사 사용의 원리 중 가장 중요한 것은 몸의 원리 입니다.

은사는 교회 공동체를 위하여 주시는 것입니다.

성령의 보편적인 은사는 개인을 변화시키고 개인을 복되게 하기 위하여

주시는 것이지만 은사는 개인을 위하여 주시는 것이 아니라

공동체를 세우기 위하여 주시는 선물입니다

또 다 한 성령을 마시게 하셨느니라. 14) 몸은 한 지체뿐 아니요 여럿이니 15) 만일 발이 이르되 나는 손이 아니니 몸에 붙지 아니하였다 할지라도 이로 인하여 몸에 붙지 아니한 것이 아니요 16) 또 귀가 이르되 나는 눈이 아니니 몸에 붙지 아니하였다 할지라도 이로 인하여 몸에 붙지 아니한 것이 아니니 17) 만일 온 몸이 눈이면 듣는 곳은 어디며 온 몸이 듣는 곳이면 냄새 맡는 곳은 어디뇨 18) 그러나 이제 하나님이 그 원하시는 대로 지체를 각각 몸에 두셨으니 19) 만일 다 한 지체뿐이면 몸은 어디뇨 20) 이제 지체는 많으나 몸은 하나라 21) 눈이 손더러 내가 너를 쓸데없다 하거나 또한 머리가 발더러 내가 너를 쓸데없다 하거나 하지 못하리라 22) 이뿐 아니라 몸의 더 약하게 보이는 지체가 도리어 요긴하고 23) 우리가 몸의 덜 귀히 여기는 그것들을 더욱 귀한 것들로 입혀 주며 우리의 아름답지 못한 지체는 더욱 아름다운 것을 얻고 24) 우리의 아름다운 지체는 요구할 것이 없으니 오직 하나님이 몸을 고르게 하여 부족한 지체에게 존귀를 더하사 25) 몸 가운데서 분쟁이 없고 오직 여러 지체가 서로 같이하여 돌아보게 하셨으니 26) 만일 한 지체가 고통을 받으면 모든 지체도 함께 고통을 받고 한 지체가 영광을 얻으면 모든 지체도 함께 즐거워하나니 27) 너희는 그리스도의 몸이요 지체의 각 부분이라 (고린도전서 12:12-27).

이 부분부터는 이제 은사 사용의 원리를 가르치고 있다고 봅니다. 고린도 교회에 은사가 강하게 주어지고 보편화 되면서 은사 사용에 오히려 어려움이 생기고 은사로 말미암은 교회 분열 양상이 발생하므로 해서 은사 사용의 원리를 가르쳐야 할 필요가 긴급해졌습니다. 그래서 이 부분에서는 은사를 사용하는 원리를 가르치고 있습니다.

은사 사용의 원리 중 가장 중요한 것은 몸의 원리 입니다. 은사는 교회 공동체를 위하여 주시는 것입니다. 성령의 보편적인 은사는 개인을 변화시키고 개인을 복되게 하기 위하여 주시는 것이지만 은사는 개인을 위하여 주시는 것이 아니라 공동체를 세우기 위하여 주시는 선물입니다.

몸의 원리는 '첫째로 은사란 교회를 위하여 주시는 것이다. 둘째로 은사는 하나 됨을 해치지 않게 사용하여야 한다.'는 것입니다.

신학에서 은사론은 성령론에서 다루는 것이 아니고 교회론에서 다루는 것입니다. 은사는 교회를 위하여 주시는 선물이기 때문입니다. 이 부분에서는 지체의 다양성과 몸의 일체성을 강조하고 있고 몸의 균형과 조화를 은사 사용의 원리로 제시하고 있습니다. 은사는 서로 사랑하고 서로 격려하고 서로 세워주는 일

에 사용되어야 합니다. 은사는 개인을 위하여 사용하는 것이
아닙니다.

내가 아는 고향 후배 중에 신유의 은사를 강하게 받은 사모님
이 계셨습니다. 처음에는 순수하게 감사함으로 사용하여 많은
병자를 고치고 교회 부흥의 축복이 되었습니다. 그런데 사모님
이 점점 타락하여 현금 봉투를 들고 와야 안수하기로 하고 그
돈을 교회에 사용하지도 않고 개인적으로 사용하였습니다.
이로 인하여 그 목사님 내외는 교회에 부임한 지 3년이 못돼
신뢰를 잃고 쫓겨나게 되는 상황을 반복하게 되었습니다. 그러
다가 사모님이 일찍 암으로 돌아가셨습니다.

은사는 교회공동체를 위한 것입니다. 어떤 은사든 교회를 세
우는 일, 서로 격려하는 일, 교회 부흥 등 공적으로만 사용 되어
야 합니다.

성령의 직임 / 고린도전서 12:28-31

28) 하나님이 교회 중에 몇을 세우셨으니 첫째는 사도요 둘째는 선
지자요 세째는 교사요 그 다음은 능력이요 그 다음은 병 고치는 은

사랑은 은사에 속하는 것이 아니라 은사 사용의 원리이며
은사는 사랑을 이루기 위한 능력입니다.
사랑 때문에 은사를 구하고 사랑으로 은사를 사용하는 것입니다.
사랑은 은사를 사용하는 원리이고 은사는 사랑을 성취하는 능력입니다.

사와 서로 돕는 것과 다스리는 것과 각종 방언을 하는 것이라 29) 다 사도겠느냐 다 선지자겠느냐 다 교사겠느냐 다 능력을 행하는 자겠느냐 30) 다 병 고치는 은사를 가진 자겠느냐 다 방언을 말하는 자겠느냐 다 통역하는 자겠느냐 31) 너희는 더욱 큰 은사를 사모하라 내가 또한 제일 좋은 길을 너희에게 보이리라

이 본문의 말씀은 주의해서 읽어야 할 부분이 있습니다. 종종 은사 반대자들에 의하여 이 부분이 오해되기도 하였습니다. "다 사도겠느냐 다 선지자겠느냐 다 교사겠느냐 다 능력을 행하는 자겠느냐(고전 12:30) 다 병 고치는 은사를 가진 자겠느냐 다 방언을 말하는 자겠느냐 다 통역하는 자겠느냐"는 본문의 말씀을 모든 사람이 다 은사를 받을 수는 없다는 의미라고 주장하는 경우가 있습니다.

그러나 이 부분은 은사를 다룬 것이 아니라 직임을 다룬 것입니다. 모두 다 특수한 직임을 받을 수는 없습니다. 그러나 은사는 다 받을 수 있습니다. 그러므로 우리는 언제나 더 나은 은사, 더 큰 은사를 사모할 수 있습니다.

이 부분에서 오해가 될 수 있는 것이 하나 더 있습니다. 그것은 더욱 큰 은사와 제일 좋은 길에 대한 이해인데 은사 부정론자들은 더욱 큰 은사는 다음 장과 연관시켜 볼 때 사랑의 은사이고 사랑의 은사가 있으면 다른 하위 은사들은 없어도 되는 것

인양 설교하기도 합니다. 그러나 더욱 큰 은사는 14장으로 연결되면서 예언의 은사로 이해되어야 하고 사랑은 제일 좋은 길에 해당한다고 보아야 합니다. 사랑은 은사 중에 하나가 아니고 은사를 사용하는 원리 즉 은사를 사용하는 길이 되는 것입니다.

그러므로 사랑은 은사에 속하는 것이 아니라 은사 사용의 원리이며 은사는 사랑을 이루기 위한 능력입니다. 사랑 때문에 은사를 구하고 사랑으로 은사를 사용하는 것입니다. 사랑은 은사를 사용하는 원리이고 은사는 사랑을 성취하는 능력입니다. 만일 우리가 사랑을 은사로 대치하는 식으로 해석한다면 큰 오류를 범하게 될 것입니다.

기독교는 사랑의 종교임과 동시에 능력의 종교입니다. 하나님은 능력의 하나님이면서 동시에 또한 사랑의 하나님입니다. 교회가 세워지고 성장하고 세계 복음화가 이루어지려면 하나님의 사랑과 하나님의 능력이 동시에 역사되어야 합니다. 능력 없는 사랑은 안타까운 사랑이 될 것이고 사랑 없는 능력은 의미 없는 능력이 될 것입니다.

은사 사용의 원리 : 사랑 고린도전서 13:1-13

1) 내가 사람의 방언과 천사의 말을 할지라도 사랑이 없으면 소리 나는 구리와 울리는 꽹과리가 되고 2) 내가 예언하는 능이 있어 모든 비밀과 모든 지식을 알고 또 산을 옮길 만한 모든 믿음이 있을지라도 사랑이 없으면 내가 아무 것도 아니요 3) 내가 내게 있는 모든 것으로 구제하고 또 내 몸을 불사르게 내어줄지라도 사랑이 없으면 내게 아무 유익이 없느니라. 4) 사랑은 오래 참고 사랑은 온유하며 투기하는 자가 되지 아니하며 사랑은 자랑하지 아니하며 교만하지 아니하며 5) 무례히 행치 아니하며 자기의 유익을 구치 아니하며 성내지 아니하며 악한 것을 생각지 아니하며 6) 불의를 기뻐하지 아니하며 진리와 함께 기뻐하고 7) 모든 것을 참으며 모든 것을 믿으며 모든 것을 바라며 모든 것을 견디느니라. 8) 사랑은 언제까지든지 떨어지지 아니하나 예언도 폐하고 방언도 그치고 지식도 폐하리라 9) 우리가 부분적으로 알고 부분적으로 예언하니 10) 온전한 것이 올 때에는 부분적으로 하던 것이 폐하리라 11) 내가 어렸을 때에는 말하는 것이 어린 아이와 같고 깨닫는 것이 어린 아이와 같고 생각하는 것이 어린 아이와 같다가 장성한 사람이 되어서는 어린 아이의 일을 버렸노라 12) 우리가 이제는 거울로 보는 것 같이 희미하나 그 때에는 얼굴과 얼굴을 대하여 볼 것이요 이제는 내가 부분적으로 아나 그 때에는 주께서 나를 아신 것 같이 내

은사는 사랑을 따라 사용되어야 합니다. 사랑이 없는 능력은 가치가 없습니다. 사랑 때문에 은사를 사용하고 사랑 때문에 은사를 구하라는 것입니다.

예를 들면 어떤 권사님이 신령한 은사로 인하여 사람의 속을 들여다보는 소위 투시의 은사를 가지고 있어서 한 장로님의 사생활에 세컨드가 있는 것을 알게 되었다면 그 은사를 어떻게 사용해야 할까요? 이 사실을 동네방네 알려야 할까요?

사랑은 허다한 죄를 덮습니다. 그리고는 그의 죄의 짐을 지고 하나님께 나아가 눈물로 중보 기도하는 사랑의 짐을 지는 것입니다. 은사는 사랑으로 사용되어야 합니다.

은사 사용의 원리, 질서와 화평 고린도전서 14:26-33

한 사람이 통역할 것이요 28) 만일 통역하는 자가 없거든 교회에서는 잠잠하고 자기와 및 하나님께 말할 것이요 29) 예언하는 자는 둘이나 셋이나 말하고 다른 이들은 분별할 것이요 30) 만일 곁에 앉은 다른 이에게 계시가 있거든 먼저 하던 자는 잠잠할지니라. 31) 너희는 다 모든 사람으로 배우게 하고 모든 사람으로 권면을 받게 하기 위하여 하나씩 하나씩 예언할 수 있느니라 32) 예언하는 자들의 영이 예언하는 자들에게 제재를 받나니 33) 하나님은 어지러움의 하나님이 아니시요 오직 화평의 하나님이시니라.

1) 질서의 원리

은사가 하나님께로 나온다고 하여 각자 제멋대로 사용해서는 안 된다는 것입니다. 은사는 질서에 따라 균형 있게 사용되어야 합니다. 질서 중에는 예배를 주관하는 리더의 권위도 포함됩니다. 리더의 권위 아래서 질서와 조화의 균형을 이루어야 합니다. 그러니 은사를 받아 사용하는 자들은 겸손하고 권위에 순종할 줄 알아야 합니다.

은사는 몸 된 공동체를 세우기 위하여, 사랑의 동기와 목적으로, 화평을 좇으며 질서를 따라 선하게 사용되어 교회 부흥과 성장에 이바지 하여야 합니다. 은사를 받고 적극적으로 사용하여 능력 있는 사역을 이루고 교회의 부흥과 세계 복음화에 능력을 나타내시길 바랍니다.

2) 화평의 원리

은사를 사용하는데 있어서 또 다른 원리들이 있습니다. 그 하나는 화평의 원리입니다. 은사는 어지럽고 혼란스럽게 사용되어서는 안 되며 교회 공동체가 화평한 가운데 사용되어야 합니다. 공동체를 깨거나 혼란스럽게 하면 안 됩니다. 은사는 교회를 평안하고 화평케 하여야 합니다.

32) 예언하는 자들의 영이 예언하는 자들에게 제재를 받나니 33) 하나님은 어지러움의 하나님이 아니시요 오직 화평의 하나님이시니라 (고린도전서 14:32-33).

위의 말씀은 대단히 중요합니다. 하나님께서도 인간의 제재를 받아들인다는 것입니다. 예언하는 자라도 교회의 화평을 위하여 은사를 절제하며 사용하여야 한다는 것입니다. 하나님은 화평을 깨면서까지 밀어붙이는 폭군이 아니라는 것입니다.

34) 모든 성도의 교회에서 함과 같이 여자는 교회에서 잠잠하라 저희의 말하는 것을 허락함이 없나니 율법에 이른 것 같이 오직 복종할 것이요 35) 만일 무엇을 배우려거든 집에서 자기 남편에게 물을지니 여자가 교회에서 말하는 것은 부끄러운 것임이라 36) 하나님의 말씀이 너희에게로부터 난 것이냐 또는 너희에게만 임한 것이

냐 37) 만일 누구든지 자기를 선지자나 혹 신령한 자로 생각하거든 내가 너희에게 편지한 것이 주의 명령인 줄 알라 38) 만일 누구든지 알지 못하면 그는 알지 못한 자니라. 39) 그런즉 내 형제들아 예언하기를 사모하며 방언 말하기를 금하지 말라 40) 모든 것을 적당하게 하고 질서대로 하라 (고린도전서 14:34-40).

교회 회중 가운데서의 방언사용과 예언
고린도전서 14:1-25

1) 사랑을 따라 구하라 신령한 것을 사모하되 특별히 예언을 하려고 하라 2) 방언을 말하는 자는 사람에게 하지 아니하고 하나님께 하나니 이는 알아듣는 자가 없고 그 영으로 비밀을 말함이니라. 3) 그러나 예언하는 자는 사람에게 말하여 덕을 세우며 권면하며 안위하는 것이요 4) 방언을 말하는 자는 자기의 덕을 세우고 예언하는 자는 교회의 덕을 세우나니 5) 나는 너희가 다 방언 말하기를 원하나 특별히 예언하기를 원하노라 방언을 말하는 자가 만일 교회의 덕을 세우기 위하여 통역하지 아니하면 예언하는 자만 못하니라 6) 그런즉 형제들아 내가 너희에게 나아가서 방언을 말하고 계시나 지식이나 예언이나 가르치는 것이나 말하지 아니하면 너희에게 무엇이 유익하리요 7) 혹 저나 거문고와 같이 생명 없는 것이

소리를 낼 때에 그 음의 분별을 내지 아니하면 저 부는 것인지 거문고 타는 것인지 어찌 알게 되리요 8) 만일 나팔이 분명치 못한 소리를 내면 누가 전쟁을 예비하리요 9) 이와 같이 너희도 혀로서 알아듣기 쉬운 말을 하지 아니하면 그 말하는 것을 어찌 알리요 이는 허공에다 말하는 것이라 10) 세상에 소리의 종류가 이같이 많되 뜻 없는 소리는 없나니 11) 그러므로 내가 그 소리의 뜻을 알지 못하면 내가 말하는 자에게 야만이 되고 말하는 자도 내게 야만이 되리니 12) 그러면 너희도 신령한 것을 사모하는 자인즉 교회의 덕 세우기를 위하여 풍성하기를 구하라 13) 그러므로 방언을 말하는 자는 통역하기를 기도할지니 14) 내가 만일 방언으로 기도하면 나의 영이 기도하거니와 나의 마음은 열매를 맺히지 못하리라 15) 그러면 어떻게 할꼬 내가 영으로 기도하고 또 마음으로 기도하며 내가 영으로 찬미하고 또 마음으로 찬미하리라 16) 그렇지 아니하면 네가 영으로 축복할 때에 무식한 처지에 있는 자가 네가 무슨 말을 히는지 알시 못하고 네 감사에 어찌 아멘 하리요 17) 너는 감사를 잘하였으나 그러나 다른 사람은 덕 세움을 받지 못하리라 18) 내가 너희 모든 사람보다 방언을 더 말하므로 하나님께 감사하노라 19) 그러나 교회에서 네가 남을 가르치기 위하여 깨달은 마음으로 다섯 마디 말을 하는 것이 일만 마디 방언으로 말하는 것보다 나으니라. 20) 형제들아 지혜에는 아이가 되지 말고 악에는 어린 아이가 되라 지혜에 장성한 사람이 되라 21) 율법에 기록된바 주께서 가라사대 내가 다른 방언하는 자와 다른 입술로 이 백성에게 말할지라도 저희가 오히려 듣지 아니하리라 하였으니 22) 그러므로 방언은 믿는 자들을 위하지 않고 믿지 아니하는 자들을 위하는 표적이나 예언은 믿지 아니하는 자들을 위하지 않고 믿는 자들을 위함이니 23) 그러므로 온 교회가 함께 모여 다 방언으로 말하면 무식한 자들이나 믿지 아니하는 자들이 들어와서 너희를 미쳤다 하지 아니하겠느냐 24) 그러나 다 예언을 하면 믿지 아니하는 자들이나 무식한 자들이 들어와서 모든 사람에게 책망을 들으며 모든 사람에게 판단을 받고 25) 그 마음의 숨은 일이 드러나게 되므로 엎드리어 하나님께 경배하며 하나님이 참으로 너희 가운데 계시다 전파하리라.

방언과 예언에 관하여는 어떤 지혜가 필요합니까? 이 부분에서는 그 점을 가르칩니다. 예언은 직접 교회를 세우지만 방언은 개인을 세워서 교회를 세우는데 유익하게 합니다.

방언은 개인적으로 사용하고 회중을 상대로 사용하지 않으며 예언은 교회적으로 사용합니다. 그러므로 방언은 개인적으로 기도하는 일에 사용하고 회중 앞에서는 삼가야 합니다. 회중을 향할 때는 통역이 있어야만 방언을 사용합니다.

물론 예언도 교회를 세우는 목적으로 사용되어야 하고 영은 분별되어야 합니다.

나를 위해 준비된 바나바 훈련

홍인덕 목사 기흥백합교회

바나바훈련원이 개원하고 훈련이 시작되었다는 말을 들을 때 왜 나는 아무 소식도 듣지 못하였는가 한편 서운하고 아쉽고 그랬었다.

다시 2기 훈련이 시작되었다는 말을 들을 때 이상하다 하는 생각을 했고 다음번 기회가 다시 주어질 때는 반드시 나도 포함되어 함께 배울 수 있게 해달라고 관계가 되는 사람들에게 부탁하곤 했다.

그만큼 이상하리만치 바나바훈련은 마음이 끌렸었다. 왠지 바나바훈련은 꼭 내가 참여해서 훈련 받아야 할 그런 과정처럼 느껴졌기 때문이다.

드디어 3기 훈련생으로 참여하게 되었을 때 엄청난 도전이 내게 주어졌다. 방언의 은사를 평신도는 물론이고 목회자라면 반드시 받아야할 은사라고 많은 사람들이 말을 해도 나와는 상관없는 이야기로 치부하면서 반드시 방언의 은사가 있어야만 목회를 잘하느냐 오히려 은사가 있으나 더 못된 사람도 많더라고 하면서 반발하곤 했던 나였다.

　그러면서도 방언으로 기도하는 성도가 있으면 괜히 기가 죽곤 했었다. 때로는 방언의 은사를 받았으면 좋겠다는 마음으로 혼자서는 하나님께 기도해 보기도 했지만 역시 내게는 허락되지 않는 은사로만 여겼었다.

　그러나 성령의 은사를 주님은 성도를 유익하게 하려함이라는 고린도 전서 12장의 말씀으로 첫 시간 도전을 받게 되었다. "미련한 방법으로라도 좋습니다.

　나의 입술을 하나님께 맡기겠습니다."라고 무릎을 꿇었을 때 하나님은 그 동안 내게 허락지 아니하셨던 방언의 은사를 첫 시간에 허락하셨다.

　그리고서 하나님 앞에 무릎을 꿇을 때 마다 그렇게 쉽게 지치곤 했던 내가 너무나도 놀랍도록 하나님 앞에 엎드릴 수 있게 되었다는 사실을 발견하게 되었다. 마치 한 5분이나 기도했을까 하고 일어섰는데 기도시간은 어느 사이엔가 한 시간 두 시간을 훌쩍 넘어서곤 했다.

　그렇게 피곤하게 느끼다가도 주님 앞에 엎드리고 나면 또 다른 힘, 내게 있는 힘이 아닌 위로부터 주어지는 힘이 내게 넘쳐나는 것을 깨닫곤 하면서 순간순간마다 주어지는 놀라운 은혜들을 그 무엇으로 표현해야 할지, 마치 바나바 훈련이 나를 위해서 준비된 나를 위한 훈련인 것처럼 느껴졌다.

그동안 여기저기 많은 곳으로 쫓아다니며 이런 저런 공부와 훈련에 도전해 보았지만 교만한 마음에 이건 아닌데 이건 아닌데 하기를 되풀이 했고 그래서 한편 지쳐있던 내게는 신선한 충격이요 은혜요 감격이었다.

그 외에도 훈련과 기도가 계속되는 가운데 놀라운 역사들을 하나님은 계속 허락하여 주셨다. 누가 아프다고 기도해 달라고 하면 손을 얹으면서도 괜한 짓 하지 하며 마지못해서 기도하곤 했던 나였는데 이제는 놀랍게도 믿음으로 손을 얹게 되고 그리고 나면 병자가 나음을 받는 역사들을 통해서 오늘도 살아서 임재하시는 하나님의 역사를 체험하게 해주었다.

말씀 한 마디를 전해도 확신과 넘쳐 나는 은혜로 전하게 되었고 이에 따라 온 교회가 넘쳐나도록 힘을 얻고 부흥의 길을 걷게 되는 아름다운 역사가 계속되었다.

그래서 본 교회 목회 1년 만에 감절로 부흥도 허락하여 주셨다. 그러나 은사가 전부는 아니다. 오늘 내가 왜 하나님의 부름 받은 목회자가 되었는지 그 사명을 다시 확인할 수 있게 된 것 그리고 나를 향한 하나님의 비전을 깨닫게 된 것이 더 큰 은혜요 축복이었다.

그리고 하나님이 보여주시는 비전과 능력대로 성도들을 이끌 때에 전에는 감히 상상도 할 수 없었던 위대한 역사들이 나의 삶 속에서 교회 안에서 그리고 성도들의 삶 속에서 나타나는 것을 보면서 하나님께 다시 한번 감사와 영광을 돌린다.

'주여 그러나 나는 여전히 부족하고 어리석고 연약할 뿐입니다. 내가 무엇이기에 내게 이런 귀한 은혜들을 허락하여 주시는지요? 은혜와 은사가 더할수록 결코 교만하지 않게 하시고 말씀에 순종하는 종이 되게 하시고 오직 하나님만 영광 받으옵소서'.

4

예수께서 열 두 제자를 불러 모으사 모든 귀신을 제어하며
병을 고치는 능력과 권세를 주시고
하나님의 나라를 전파하며 앓는 자를 고치게 하려고 내어 보내시며

성령사역으로의
초대

아볼로, 브리스길라, 바울

24) 알렉산드리아에서 난 아볼로라 하는 유대인이 에베소에 이르니 이 사람은 학문이 많고 성경에 능한 자라 25) 그가 일찍 주의 도를 배워 열심으로 예수에 관한 것을 자세히 말하며 가르치나 요한의 세례만 알 따름이라 26) 그가 회당에서 담대히 말하기를 시작하거늘 브리스길라와 아굴라가 듣고 데려다가 하나님의 도를 더 자세히 풀어 이르더라 27) 아볼로가 아가야로 건너가고자 하니 형제들이 저를 장려하며 제자들에게 편지하여 영접하라 하였더니 저가 가매 은혜로 말미암아 믿은 자들에게 많은 유익을 주니 28) 이는 성경으로써 예수는 그리스도라고 증거하여 공중 앞에서 유력하게 유대인의 말을 이김일러라. 1) 아볼로가 고린도에 있을 때에 바울이 윗지방으로 다녀 에베소에 와서 어떤 제자들을 만나 2) 가로되 너희가 믿을 때에 성령을 받았느냐 가로되 아니라 우리는 성령이

있음도 듣지 못하였노라 3) 바울이 가로되 그러면 너희가 무슨 세례를 받았느냐 대답하되 요한의 세례로라 4) 바울이 가로되 요한이 회개의 세례를 베풀며 백성에게 말하되 내 뒤에 오시는 이를 믿으라 하였으니 이는 곧 예수라 하거늘 5) 저희가 듣고 주 예수의 이름으로 세례를 받으니 6) 바울이 그들에게 안수하매 성령이 그들에게 임하시므로 방언도 하고 예언도 하니 7) 모두 열두 사람쯤 되니라 (사도행전 18:24-19:7).

전도든 선교든 목회든 기독교 사역은 전적으로 성령사역이라는 것을 다시 한 번 확인하고 다짐하고자 합니다. 우선 아볼로와 브리스길라와 바울을 비교해 보면서 성령사역이 되어야 할 이유를 확인해 봅니다.

아볼로는 학문이 높고 성경에 능한 자라고 기록되어 있습니다. 아볼로는 오늘날로 치면 정식으로 신학교육을 받은 사람으로 현대 엘리트 목사의 전형이라고 할 수 있습니다.

아볼로는 학문이 높고 성경에 능한 자, 거기에다 어려서부터 주님을 배워 알고 열심을 가지고 가르치는 자, 그래서 믿는 자에게 많은 유익을 주는 대단히 바람직한 사역자의 면모를 갖추고 있습니다. 그런데 성경에는 학문이나 성경지식에서는 앞설 것 같지 않은 브리스길라가 아볼로를 불러다가 하나님의 도를 더 자세히 풀어 일렀다고 기록되어 있습니다.

그러면 브리스길라는 얼마나 대단한 인물이란 말입니까? 아볼로보다 무엇을 더 알았단 말입니까? "아볼로는 요한의 세례만 알았다"고 한 말의 뉘앙스로 보아서 브리스길라가 아볼로를 가르친 것은 아마도 성령으로 이루어지는 구원과 사역 부분이 아닌가 싶습니다.

그처럼 학문이 높고 성경 지식에 능한 아볼로를 브리스길라가 가르쳤다면 요한의 세례를 넘어서는 성령 세례, 성령의 은혜, 성령의 사역이었을 것이라고 쉽게 추론해 볼 수 있습니다.

이후 바울이 아볼로가 사역하고 간 에베소에 이르러 너희가 믿을 때에 성령을 받았느냐고 물을 때 저들은 성령이 있음도 듣지 못하였다고 대답하는 것으로 보아서 아볼로의 가르치는 사역은 논리적이고 학문적으로는 뛰어났으나 성령으로 가르친 것은 못 된다는 것을 알 수 있습니다.

그리하여 바울이 성령의 은혜를 가르치고 안수하며 기도할 때 에베소에 있던 제자들이 성령 세례를 받고 여러 은사들을 체험하게 되었다는 것이 기록되어 있습니다. 성경의 이 말씀은 믿는 자라도 성령의 은혜와 은사를 받을 때에 훨씬 뜨겁고 능력 있는 삶을 살 수 있다는 것을 보여 줍니다.

우리는 성령의 권능으로 사역하여야 합니다. 이미 치유사역을 다루면서 살펴본 바 있습니다만 예수님이 제자들을 파송할 때 단순히 사역을 하라고 명령만 하신 것이 아니라 사역을 위한 권세와 능력을 주시면서 사역하도록 하셨습니다.

귀신을 쫓아내며 모든 병과 약한 것을 고치는 권능을 주셨기에 제자들이 하나님 나라를 전파하면서 귀신을 제어하고 병을 고칠 수 있었습니다.

그러므로 우리는 성령님의 권능으로 설교하고 가르치며 병든 자를 고치는 사역자가 되어야 하겠습니다. 우리가 합리주의적 교육을 받는 동안 잃어버린 권능을 찾아야 합니다.

여기서 이 세 사람의 패턴을 편의상 비교하여 보면 아볼로는 학문과 성경 지식이 풍부한 사람, 브리스길라는 학문은 적으나 성령 세례를 아는 사람, 바울은 학문도 높고 성경에 능한 지식을 갖고 있으면서 성령세례를 아는 자라고 말할 수 있을 것 입니다.

우리 사역자들이 사모하고 지향하여야 할 사람은 성경 학문과 성령 세례를 둘 다 지니고 사역하는 바울과 같은 사람이라고 정리할 수 있습니다. 우리는 더 많은 학문과 성경 지식을 추구하여야 할 것입니다. 동시에 성령세례, 성령사역을 아는 자가 되어 귀한 열매 맺는 사역자가 되기를 소원합니다.

예수님의 파송과 권능

예수께서 그 열 두 제자를 부르사 더러운 귀신을 쫓아내며 모든 병과 모든 약한 것을 고치는 권능을 주시니라 (마태복음 1:1).

1) 예수께서 열 두 제자를 불러 모으사 모든 귀신을 제어하며 병을 고치는 능력과 권세를 주시고 2) 하나님의 나라를 전파하며 앓는 자를 고치게 하려고 내어 보내시며 (누가복음 9:1-2).

우리는 성령의 권능으로 사역하여야 합니다. 이미 치유사역을 다루면서 살펴본 바 있습니다만 예수님이 제자들을 파송할 때 단순히 사역을 하라고 명령만 하신 것이 아니라 사역을 위한 권세와 능력을 주시면서 사역하도록 하셨습니다.

귀신을 쫓아내며 모든 병과 약한 것을 고치는 권능을 주셨기에 제자들이 하나님 나라를 전파하면서 귀신을 제어하고 병을 고칠 수 있었습니다.

그러므로 우리는 성령님의 권능으로 설교하고 가르치며 병든 자를 고치는 사역자가 되어야 하겠습니다. 우리가 합리주의적 교육을 받는 동안 잃어버린 권능을 찾아야 합니다.

부활하신 예수님이 제자들을 다시 파송할 때도 복음을 전파하며 귀신을 쫓아내고 표적을 행하고 병든 자를 고치도록 하였으며 제자들은 그대로 행하여 하나님 나라를 전파하였습니다.

15) 또 가라사대 너희는 온 천하에 다니며 만민에게 복음을 전파하라 16) 믿고 세례를 받는 사람은 구원을 얻을 것이요 믿지 않는 사람은 정죄를 받으리라 17) 믿는 자들에게는 이런 표적이 따르리니 곧 저희가 내 이름으로 귀신을 쫓아내며 새 방언을 말하며 18) 뱀을 집으며 무슨 독을 마실지라도 해를 받지 아니하며 병든 사람에게 손을 얹은즉 나으리라' 하시더라 19) 주 예수께서 말씀을 마치

신 후에 하늘로 올리우사 하나님 우편에 앉으시니라 20) 제자들이
나가 두루 전파할 새 주께서 함께 역사하사 그 따르는 표적으로 말
씀을 확실히 증거하시니라 (마가복음 16:15-20).

지금도 우리가 사모하여야 할 일은 성령의 능력으로 사역하
여 말씀과 성령의 능력이 나타나게 하여야 하겠다는 것입니다.

오직 성령이 너희에게 임하시면

4) 사도와 같이 모이사 저희에게 분부하여 가라사대 예루살렘을
떠나지 말고 내게 들은 바 아버지의 약속하신 것을 기다리라 5) 요
한은 물로 세례를 베풀었으나 너희는 몇 날이 못 되어 성령으로 세
례를 받으리라 하셨느니라. 6) 저희가 모였을때에 예수께 묻자와
가로되 주께서 이스라엘 나라를 회복하심이 이때니이까?' 하니 7)
가라사대 때와 기한은 아버지께서 자기의 권한에 두셨으니 너희의
알 바 아니요 8) 오직 성령이 너희에게 임하시면 너희가 권능을 받
고 예루살렘과 온 유대와 사마리아 땅 끝까지 이르러 내 증인이 되
리라' 하시니 (사도행전 1:4-8).

성령이 아니고는 우리의 사역이 능이 없어 열매를 보지 못할

것이므로 주님은 승천하시기 전에 제자들에게 성령을 받기까지 기다리라 하셨습니다.

성령을 받으면서 비로소 예루살렘과 온 유대와 사마리아와 땅 끝까지 이르러 증인이 되는 역사가 이루어졌습니다. 우리는 이 엄연한 예수님의 부탁과 명령을 무시하며 사역에 뛰어 들고 있는 사람들이 아닌지 모르겠습니다. 성령을 받아야 합니다. 권능을 받아야 합니다. 성령 사역으로 사역해야 합니다.

빌립은 사도가 아니고 우리가 통상 집사라 부르는 인물이었지만 그의 사역을 보면 성령사역이었던 것을 알 수 있습니다.

4) 그 흩어진 사람들이 두루 다니며 복음의 말씀을 전할새 5) 빌립이 사마리아 성에 내려가 그리스도를 백성에게 전파하니 6) 무리가 빌립의 말도 듣고 행하는 표적도 보고 일심으로 그의 말하는 것을 좇더라 7) 많은 사람에게 붙었던 더러운 귀신들이 크게 소리를 지르며 나가고 또 많은 중풍병자와 앉은뱅이가 나으니 8) 그 성에 큰 기쁨이 있더라 (사도행전 8:4-8).

누구라도 성령 받으면 사역자가 되거니와 목사라도 성령 받지 않으면 성령으로 사역하지 않으면 열매 맺지 못합니다. 빌립의 전도를 보면 저가 말로 전도하였지만 행하는 표적도 있었기에 사람들이 그의 말을 믿고 받아들여 전도가 이루어졌습니다.

더러운 귀신들이 쫓겨나고 중풍병자 앉은뱅이가 나음을 입었습니다. 이러한 능력 사역은 그의 복음전도를 더욱 강력하게 해 주었습니다.

바울 사도의 성령사역

바울 사도의 사역은 철저하게 성령사역이었습니다. 바울 사도는 대단한 학문의 사람이요, 성경 지식에 능한 자였지만 그는 그의 학문으로 사역한다고 생각하지 않고 성령으로 사역한다고 고백합니다.

> 4) 내 말과 내 전도함이 지혜의 권하는 말로 하지 아니하고 다만 성령의 나타남과 능력으로 하여 5) 너희 믿음이 사람의 지혜에 있지 아니하고 다만 하나님의 능력에 있게 하려 하였노라 (고린도전서 2:4-5).

단순히 말로 설득하는 전도와 사역이 아니라 성령의 나타남과 능력으로 행하는 사역이라고 자신의 사역의 성격을 규정짓습니다.

성령사역이 아니고는 진정한 하나님 나라 사역이 불가능합니다.

성령 사역이 아니고는 영혼 구원이 불가능합니다.

성령 사역이 아니고는 교회 부흥이 불가능합니다.

성령 사역을 사모하고 기도하고 추구합시다.

사도의 표(標)된 것은 내가 너희 가운데서 모든 참음과, 표적과, 기사와, 능력을 행한 것이라 (고린도후서 12:12).

더욱이 그는 사도된 표로 두 가지를 증거로 제시하고 있는데 하나는 인내요 둘은 능력행하는 일이라고 증거 합니다. 바울이 사도가 아니라고 폄하하는 시험 속에서 바울은 감히 "내가 사도이다"라고 말하며 사도된 증거는 인내라고 합니다.

핍박도 환난도 경멸도 참으며 일하고 있는 것은 내가 원해서가 아니라 주께서 보내시고 파송하신 사명 때문이라는 것입니다. 우리가 역시 보냄 받은 자라면 보내신 그 분 앞에 충성하기 위하여 온갖 어려움과 경멸도 다 인내하여야 할 것입니다.

그리고 우리가 하나님의 종이요 하나님의 일꾼이라면 하나님이 주시어서 행하게 하시는 능력이 있음을 보여야 합니다. 종종 목사들은 자신이 하나님의 종인데 성도들이 인정하지 않고 우습게 여긴다고 섭섭해 하고 좌절하는 경우가 많습니다.

여러분, 하나님의 보냄 받은 하나님의 종이라면 그가 주시는 권능을 보이시기 바랍니다. 우리는 성령 사역을 해야만 합니다. 성령 사역만이 보내신 이의 일을 이루는 능력입니다.

우리도 성령사역을 할 수 있다

이제 중요한 것은 예수님이 그렇게 하셨듯이 우리도 그렇게 해야 되는데 과연 우리도 예수님처럼 성령 사역을 할 수 있을까요? 할 수 있다면 그 근거는 무엇일까요? 그 근거는 예수께서 우리에게 성령을 부어 주시는 성령시대에 우리가 살고 있기 때문입니다.

예수께서 성령을 약속하셨습니다. 예수님이 친히 말씀 하셨습니다. "나를 믿는 자는 나의 하는 일을 저도 할 것이요 또한 이보다 큰 것도 하리라"

예수님의 하시는 일보다 더 큰 일을 더 능력 있게 할 수 있다는 것입니다. 그리고 그 근거로는 "내가 아버지께로 감이니라.'고 하였습니다. 아버지께로 가기 때문에 가능하다는 것은 예수님이 아버지께로 가면 보혜사 성령님을 보내시는 까닭입니다.

그러니 성령으로 사역하면 예수님의 분량 그보다 더 큰 분량도 하리라는 것입니다.

12) 내가 진실로진실로 너희에게 이르노니 나를 믿는 자는 나의 하는 일을 저도 할 것이요 또한 이보다 큰 것도 하리니 이는 내가 아버지께로 감이니라. 13) 너희가 내 이름으로 무엇을 구하든지 내가 시행하리니 이는 아버지로 하여금 아들을 인하여 영광을 얻으시게

하려 함이라 14) 내 이름으로 무엇이든지 내게 구하면 내가 시행하

리라 (요한복음 14:12-14)

이 약속은 사도행전에서 그대로 이루어지고 실행되는 것을
볼 수 있습니다. 예수님이 한 번 설교하여 3천명이 회개하였다
는 기록이 없으나 베드로가 성령 받은 후 설교하자 한 번에 3천
명이 회개하고 세례 받는 놀라운 역사가 일어났습니다.

치유 사역만 해도 예수님이 모든 병자를 고쳤지만 안수하거
나 말씀으로 선포하거나 혹 환자가 그의 옷을 만지자 나았다는
기록이 있지만 베드로는 그림자만 지나가도 병자가 일어나고
바울은 손수건만 가져가 닿게 하자 고침이 일어났습니다.

성령 사역은 그 가능성의 한계를 두지 않습니다. 무한 가능성
입니다. 그러므로 예수님보다도 더 크게 사역할 수 있는 것입니
다. 우리에게도 이 가능성은 열려 있습니다. 성령사역을 사모하
고 기도하고 부르짖어야 하겠습니다. 성령과 불로 기름부음 받
기까지 부르짖고 기도하여야 하겠습니다.

성령사역이 아니고는 진정한 하나님 나라 사역이 불가능합니
다. 성령 사역이 아니고는 영혼 구원이 불가능합니다. 성령 사
역이 아니고는 교회 부흥이 불가능합니다. 성령 사역을 사모하
고 기도하고 추구합시다.

진정한 영적 자유함을 맛보다

김준남 목사 바나바훈련 제9기

목회자가 가장 바라는 소원이 있다면 그것은 교회 성장일 것입니다. 저도 신학생 때부터

"졸업해서 목회 현장에 나가면 꼭 교회를 성장시켜야지!" 하는 마음을 가졌습니다. 그런데 어느새 9년째가 되어가고 있습니다. 전담 전도사 시절 2년. 첫 목회지인 충청도에서 단독 목회 4년. 이곳 제주도에서 3년… 지난 일들을 돌이켜 보면 나름대로 최선을 다 했다고 생각합니다.

대학원에서 선교 신학을 전공하면서 더욱 열심히 공부도 해보고. 예배당 건축도 해보고. 사택도 지어보고 그리고 이곳 제주도에서는 땅을 매입도 해보는 참으로 열심 있고 바쁜 목회를 하였습니다. 그러나 진정한 교회 성장인 한 영혼 한 영혼이 예수 그리스도를 영접하고 주님의 제자가 되기를 결신하는 역사는 많지 않았습니다.

이정도 열심히 하면 교회가 눈에 보이게 성장해야 하는데 현실은 그렇지 못하였고 세월은 흘러가면서 조금씩 목회에 대한

회의도 생기기 시작 했습니다.

　조금씩 지쳐가고 있는 제가 이강천 목사님을 만나게 된 것은 저를 향한 하나님의 예비 된 축복이라 생각합니다. 1996년 2월부터 시작된 바나바 훈련은 저로 하여금 많은 것을 깨닫게 해주었습니다.

　주님의 일에 누구보다도 부지런 했지만 주님과는 동행하지 못했던 나, 성도들에게 주님의 말씀을 가지고 수많은 설교를 했지만 실제로 그 말씀대로 살지 못했던 나. 나 자신 조차 확실한 목적이 없으므로 죄 없는 성도들만 방황하게 했던 나……. 모든 문제의 원인이 바로 저에게 있었음을 알게 되었습니다. 병들어 있는 "나 자신"을 발견하면서부터 무엇을 해야 할 것인가를 어렵지 않게 알게 되었습니다. "제자는 태어나는 것이 아니라 훈련으로 되어지는 것이다"라는 말을 실감합니다.

　바나바 훈련원에서의 영성 훈련, 제자 훈련, 공동체 훈련, 중보기도 사역 훈련. 선교 훈련 등은 하나님을 향한 비전과 예수님을 향한 올바른 목회 비전을 제시해 주었습니다. 그리고 전에는 "어떻게 하면 교회를 성장시킬까" "어떻게 하면 큰 목회를 할까"를 생각했지만 이제는 "어떻게 하면 하나님과 좀 더 가까워 질 수 있을까?" "어떻게 하면 주님과 동행하며 살 수 있을까?" 생각하며 살게 되었다는 것입니다.

여기에서 진정한 영적 자유함을 맛보게 되었고 내가 내 생각 대로, 내 경험 대로 하려고 했던 목회가 주님의사역이 되고 성령의 역사에 동참 하게 됨으로 오히려 더욱 능력 있는 목회가 되어 가게 되었다는 것입니다.

　그러나 이제 시작입니다. 여전히 쉬지 않고 성령님의 인도를 받아야 될 연약한 자입니다. 분명한 것은 성령님의 인도를 받는 순간은 그 누구보다도 강하다는 것을 확실히 믿습니다. 왕이신 나의 하나님! 내가 주를 높이며 영원히 주의 이름을 송축하겠습니다. 할렐루야!

5

사람들에게서 난 것도 아니요 사람으로 말미암은 것도 아니요
오직 예수 그리스도와 및 죽은 자 가운데서 그리스도를 살리신
하나님 아버지로 말미암아 사도 된 바울은

성령사역의
첫걸음

주어 바꾸기

어느 날 청주시에 갔다가 우리 훈련원 수리 공사를 일부 맡아서 한 바 있는 중부교회의 아직 초보적인 신자인 황 권찰이라는 형제를 만났습니다. 오른 손을 엉거주춤하고 서 있는 것이 몹시 불편해 보여서 물었습니다.

"황 권찰님, 왜 그러고 계세요?"
"요즘 너무 바빠서 직접 현장에 나가 일하다가 오른쪽 손목 인대가 늘어나서 이러고 있습니다."

그는 아픈 표정을 지으며 대답했습니다. 그때 "그를 위하여 기도해 주어라" 하는 감동을 느끼면서 "내가 기도해 줄까?" 물었더니 기꺼이 다가와 손을 내밀었습니다. 그래서 살며시 아픈 손을 잡고 간절한 언어로 기도해 주었습니다.

다음날 그와 전화 통화를 하게 되었습니다.

"목사님 감사합니다."

"무엇이 감사해요?"

"목사님께서 하나님을 통하여 내 늘어난 인대를 고쳐주셨습니다."

여러분도 아멘 하는 것입니까? 그 권찰님의 늘어난 인대가 고침 받은 것은 아멘이요 할렐루야지만 그가 한 말은 무엇인가 잘못되었습니다. "하나님이 목사님을 통해서 고쳐주셨습니다."라고 해야 맞지요. 그는 초 신자라서 말을 어떻게 해야 할지 몰라 그리 했겠지요. 하지만 오히려 오랜 신자요, 목사요, 선교사들이 말은 그렇게 하지 않을지 모르지만 사고와 삶은 그렇게 하고 있는 경우가 적지 않습니다.

여러분, 우리는 "내가 이것을 이렇게 이루었다." "내가 무엇을 하리라." 그렇게 사역에 임하는 경우가 많습니다. 오늘 우리는 주어를 바꾸는 연습을 시작하려고 합니다.

내가 주어가 아니고 주님이 주어가 되는 삶과 사역을 연습해야 합니다. 주어가 내가 아닌 주님으로 바뀔 때 우리는 하나님의 사람이요, 하나님의 일꾼이 될 수 있는 것입니다.

주님의 부르심? 나의 선택?

당신은 진정 주님의 일꾼입니까? 목사나 선교사는 일반 직업인과는 달리 분명한 소명과 자기 정체성을 갖고 있는 것이 대단히 중요합니다. 이 질문 앞에 분명한 대답을 할 수 있을 때에 비로소 우리는 비전과 정열로 일하는 목회자나 선교사가 될 수 있을 것입니다. 여러분, 여러분은 정말 하나님의 일꾼입니까?

하나님이 여러분을 목사나 선교사로 불렀습니까? 하나님의 부르심 때문에 응답하고 오신 분들입니까? 아니면 여러분이 원하여서 목사나 선교사가 되었습니까? 좋은 직업 또는 선망의 대상이 되는 일 같아서 선택한 길입니까?

저는 이 소명에 대하여 흔들리며 갈등하던 시기가 있었습니다. 신학대학을 그런대로 좋은 성적으로 졸업하였습니다. 그런데 나의 자부심과는 정반대로 가장 늦게 서야 임지가 결정되었습니다. 속된 말로 가장 늦게 팔린 목회자가 된 셈이지요.

그래서 임지가 결정되기 전에 저는 하나님께 기도했습니다. 어디든지 맨 먼저 청빙되는 곳이 주님이 보내시는 곳으로 알고 가겠다고 서원하며 기도하였습니다.

그 기도의 응답으로 첫 청빙 제의가 들어 온 곳이 광주에 있는 한 교회였습니다. 그곳은 연세가 60이 넘으신 목사님이 목회하고 계신 곳이었습니다. 그런데 신자들이 목사님을 싫어하여 나가라고 압력을 가하나 목사님이 버티고 있어 갈등이 심한 분위기였습니다. 그래서 교인들이 하나의 방법으로 전도사를 두기로 하였는데 거기에 내가 뽑혀 간 것이었습니다.

주변 사람들이 만류하였으나 나는 그 교회로 갈 수 밖에 없었습니다. 나의 서원기도가 있었기 때문입니다. 목회란 쉬운 일이 아니었고 교회란 복잡하고 힘든 곳이었습니다. 그 교회에 전도사로 가서 1년 동안 애쓰고 고생한 보람이 있어 교회 분위기가 좀 살아나고 예배 인원도 늘었습니다.

그러나 연말이 되어 결산과 새해 설계하는 계절이 오면서 다시 술렁이는 분위기가 되고 매우 분위기가 어려워져 다음 해 5월 나는 사임하고 6월에 목사님이 사임하고 떠나게 되었습니다.

목사님은 시골교회로라도 임지를 정하고 떠났지만 나는 무작정 떠나서 실업자가 되었습니다. 그리고는 1년 동안 전도사 실업자로 지내게 되었는데 그 1년이 얼마나 길고 고통스러웠는지 말로 형언하기 어렵습니다. 그 1년 동안에 나는 목회자의 정체성에 대한 질문으로 많은 갈등과 회의와 고통을 경험하면서

그래도 내가 목사의 길을 가게 되는 것은 나의 선택이 아니라 하나님이 부르시고 계획하신 것이라는 결론으로 생각이 정리되면서 포기하지 않고 인내로 기도하며 기다리게 되었습니다.

여러분, 여러분은 어떤 바탕 위에 목사나 선교사로 서 계십니까? 주님이 여러분을 부르셨습니까? 아니면 여러분이 선택한 길입니까? 바울 사도는 참으로 확실한 언어로 자기의 사도됨의 정체성에 대하여 확증하고 있습니다.

> 사람들에게서 난 것도 아니요 사람으로 말미암은 것도 아니요 오직 예수 그리스도와 및 죽은 자 가운데서 그리스도를 살리신 하나님 아버지로 말미암아 사도 된 바울은 (갈라디아서 1:1).

나는 여러분 모두가 자신의 사역자로서의 정체성에 조금도 흔들림 없는 소명을 확신하기를 바랍니다. "내가 목사가 된 것은 사람들에게서 난 것이 아니다."라고 확신 할 수 있기 바랍니다. 부모님의 권유나 담임 목사의 권유로 된 것이 아니며 또는 내가 선택한 나의 의지의 것도 아니라는 점을 분명히 할 수 있기를 바랍니다.

"내가 목사가 된 것은 하나님의 부르심이요, 하나님의 명령이요, 나는 하나님의 부르심에 응한 것이고, 그분의 명령에 따르는 것이다."라고 말할 수 있게 되기를 바랍니다.

내가 선택한 일이라면 내가 하기 싫거나 어려우면 안하고 다른 일하면 그만입니다. 또 해도 내가 원하는 대로 나의 야망을 따라 하고 내가 기뻐하지 않는 쪽으로는 안 하면 그만입니다. 나의 온갖 야망을 위하여 사역이나 교회나 선교여건을 이용하면 그만입니다.

그러나 하나님의 부르심을 받은 자로서는 나의 원대로 나의 야망대로 일하는 것이 아니고 내가 원하든 원하지 않든 주님의 일을 이루고 그 분의 뜻을 이루기 위하여 순종해야 합니다. 주님의 부르심에 순종하는 것인가 아니면 내가 원하여 선택한 길인가 하는 출발점은 대단히 중요하고 엄청난 결과의 차이를 초래합니다.

여러분, 주님의 부르심에 순종하여 나오신 것이 확실합니까? 만일 목사나 선교사를 직업으로 선택했다면 여러분은 가장 불쌍한 선택을 한 것이 될 것입니다. 목사나 선교사는 부르심에 응답하는 성직입니다. 오직 부르심 앞에 서 계시기를 바랍니다. 예수님께서 당신의 제자들에게 이점을 분명히 가르치셨습니다.

너희가 나를 택한 것이 아니요 내가 너희를 택하여 세웠나니 이는 너희로 가서 과실을 맺게 하고 또 너희 과실이 항상 있게 하여 내 이름으로 아버지께 무엇을 구하든지 다 받게 하려 함이니라. (요한 복음 15:16).

내가 하는 것인가? 주님이 하는 것인가?

우리는 우리의 원대로 하지 아니하고 주님의 원대로 일하는 자들임과 동시에 주님의 일터에 부름 받아 주님과 함께 일하는 자로서의 특권과 감격을 갖고 일하게 된 사람들입니다.

여러분, 주님에게 부름을 받았다는 것은 단순히 우리를 옥죄는 멍에가 아니라 감격스러운 특권인 것입니다. 주님의 일터에 초청되어 주님과 함께 일하는 자가 된 것입니다. 바울 사도는 자신이 하나님과 함께 일하는 자가 된 것을 감격하며 확신 가운데 일한 대표적인 일꾼입니다.

우리가 하나님과 함께 일하는 자로서 너희를 권하노니 하나님의 은혜를 헛되이 받지 말라 (고린도후서 6:1).

바울 사도가 고난당하는 일생 속에서도 그토록 위대한 선교의 대명을 수행할 수 있었던 것은 부르심에 대한 확신이 있었기 때문입니다. 앞에서 우리는 주님의 부르심을 받은 주님의 일꾼으로서의 정체성의 중요성을 생각해 보았는데 여기서 우리는 주님의 일꾼으로 일한다는 것의 중요성과 감격을 잠시 나누어 보기로 합시다.

어느 바닷가 작은 어촌에 초등학교 학생 아들을 둔 어부가 살고 있었습니다. 하루는 이 어린 아들이 아버지가 고기잡이 하는 배에 함께 타 보고는 배가 너무 낡고 물이 샌다고 걱정하면서 아버지를 위하여 새 고기잡이배를 만들어야 하겠다고 결심하는 소리를 하였습니다.

아버지는 "이 녀석아, 네까짓 게 어떻게 배를 만들어?"라고 퉁명스럽게 야단 칠 수도 있었으나 그 생각이 기특하여 칭찬을 했습니다.

그 후로 이 어린 아이는 기회 되는 대로 나무를 구하고 여러 가지 배를 만드는데 소용되겠다고 생각하는 재료들을 모으기 시작하더니 여러 달 후에 배를 만들기 시작하였습니다.

수개월 정성 들여 어린 아이는 배를 완성하고는 자랑스럽게 아버지를 불렀습니다. 아버지가 본즉 아들이 만든 배는 타고 나가 고기잡이하기에는 어림도 없는 장난감 배와 같았습니다.

그러나 아버지는 아들의 생각이 기특하고 고마워 칭찬을 하고는 안아 주었습니다. 아들은 대단히 흐뭇해하면서 기뻐했습니다. 물론 그 배를 타고 나가 고기잡이를 할 수는 없었습니다. 그래도 아버지는 여전히 칭찬하였습니다.

여러분 우리 목사가 또는 선교사가 이 땅에서 만들고자 하는 것은 무엇입니까? 여러 모양으로 말할 수 있지만 아마도 우리가 이 땅에서 이루려는 것은 "하나님의 나라"라고 말할 수 있을 것입니다. 그런데 여러분, 솔직히 말해서 우리가 우리 힘으로 이 땅에 하나님 나라를 만들 수 있다고 생각하십니까? 아니지요. 만들 수 없지요.

여러분, 아까 이야기 속의 어린 아이가 어떻게 새 고기잡배를 만들 수 있겠습니까? 오직 방법은 하나, 아버지가 배를 직접 만들고 아들이 아버지의 심부름을 하면 됩니다. 마찬가지로 우리는 하나님 나라를 만들 수 없습니다. 그런데 우리는 하나님 나라를 만든다고 합니다.

언제, 어떻게 만들겠습니까? 하나님만이 만드실 수 있는데 하나님이 만드실 때 우리는 심부름하면서 함께 만들면 됩니다. 우리는 철저하게 하나님과 함께 일하는 자로 설 때만 하나님 나라의 일꾼이 될 수 있는 것이지요.

우리의 사역을 돌아보며 새롭게 하려고 하는 이 시점에서 이 점을 분명히 하고 가도록 하십시다.

여러분, 우리는 우리의 뜻으로 우리의 능력으로 우리의 수완으로 하나님 나라의 일을 할 수는 없습니다. 오직 주님의 뜻으로 주님의 능력으로 주님과 함께 하는 사역을 통하여서만 주님의 일을 할 수 있습니다. 주님과 함께 일하는 자로 설 때 능력도 감격도 있는 것입니다.

여러분의 삶과 사역에 주어가 확실히 바뀌어야 합니다. 주님이 하시고 나는 따르는 자가 되어야 합니다.

먹기 위하여 일하나? 일하기 위하여 먹나?

우리가 주님의 일꾼으로 부르심을 받아 주님과 함께 일하려면 주님의 일꾼으로서의 인생관과 가치관이 분명해야 하고 소명의식이 분명해야 합니다.

우리는 이제 소명에 살고 소명에 죽는 사람들입니다. 소명을 따라 살지 않는 사람들은 나름대로 설정한 자기 인생관에 따라 야망을 추구하며 삽니다.

어떤 선교지에 갔다가 만난 한 선교사의 말이 나의 사역관과 인생관을 정리하는 기회가 되었습니다. 그는 다음과 같이 말했습니다.

"내가 고국에서 평안히 살 수 있는 모든 특권을 버리고 이 타국에 선교사로 나왔는데 이곳까지 와서 고생하며 살 수는 없다고 생각했습니다. 그래서 이곳에서는 풍족하게 잘 살기로 하였습니다."

어찌 보면 그럴듯한 말입니다. 그러나 그 선교사가 포기하고 간 것이 무엇일까요? 무엇을 그렇게 많이 포기하고 갔기에 그곳에서는 잘 살아야겠다고 다짐하는 것일까요? 우리 목사나 선교사는 무엇을 많이 포기하고 주를 따라 나섰다고 착각하고 사는 경우가 많습니다.

진정 포기한 것이 무엇입니까? 하나도 포기하지 못한 채 종류만 바꾸어 추구하고 있는 것은 아닐까요? 세속이라는 무대에서 종교라는 무대로 옮겨 왔을 뿐 온갖 야망과 욕심으로 가득 찬 인생 그냥 그대로 살면서 주님을 위해 다 포기했다고 착각하거나 항변하는 것 아닌지요?

나는 미국 유학 시절 연약한 체질로 인하여 학기마다 마지막 텀페이퍼를 제출하고 나면 몸살로 누워 며칠씩 앓곤 했습니다. 한 번은 역시 학기 끝내고 몸살이 나서 끙끙 앓고 기숙사에 홀로 신음하고 있는데 너무 처량하다는 생각이 들었습니다.

"내가 무엇을 위하여 이 고생을 하는 것일까?"
"내가 이 유학 공부를 통하여 기대하는 것이 무엇인가? 그것이 출세인가? 아 내가 기대하는 것이 좀 더 나은 출세를 위한 것 우리의 사역을 돌아보며 새롭게 하려고 하는 이 시점에서 이 점을 분명히 하고 가도록 하십시다.

　　여러분, 우리는 우리의 뜻으로 우리의 능력으로 우리의 수완으로 하나님 나라의 일을 할 수는 없습니다. 오직 주님의 뜻으로 주님의 능력으로 주님과 함께 하는 사역을 통하여서만 주님의 일을 할 수 있습니다. 주님과 함께 일하는 자로 설 때 능력도 감격도 있는 것입니다.

　　여러분의 삶과 사역에 주어가 확실히 바뀌어야 합니다. 주님이 하시고 나는 띠르는 지기 되이야 합니다.

이라면 이야말로 너무 불쌍하고 어리석은 짓이다.”

“이 고생하며 유학한 것이 주님을 위하여 주님 나라 이루는 일을 위하여 주님의 영광을 위하여 쓰임 받는 것이 아니라면 나는 가장 어리석은 짓을 하고 있는 것이다.”

그리고는 주님께 기도하며 나를 주님의 일꾼으로 써 주시라고 간청하며 기도하는 시간을 갖게 되었습니다. 잠시 기도한 후 성경을 폈습니다.

무엇인가 주님이 말씀 하실 것 같은 기대감으로 성경을 펴고 눈이 간 것은 요한복음 4장이었습니다. 거기 예수님의 인생관을 보여주는 말씀을 읽고는 충격을 받으며 나의 삶을 다짐하게 되었습니다.

저희가 동네에서 나와 예수께로 오더라 31) 그 사이에 제자들이 청하여 가로되 랍비여 잡수소서. 32) 가라사대 내게는 너희가 알지 못하는 먹을 양식이 있느니라 33) 제자들이 서로 말하되 누가 잡수실 것을 갖다 드렸는가 한대 34) 예수께서 이르시되 나의 양식은 나를 보내신 이의 뜻을 행하며 그의 일을 온전히 이루는 이것이니라 35) 너희가 넉 달이 지나야 추수할 때가 이르겠다 하지 아니하느냐 내가 너희에게 이르노니 눈을 들어 밭을 보라 희어져 추수하게 되었도다 36) 거두는 자가 이미 삯도 받고 영생에 이르는 열매를 모으나니 이는 뿌리는 자와 거두는 자가 함께 즐거워하게 하려 함이니라 (요한복음 4:30-36).

예수님은 제자들과 전도여행 중에 사마리아 우물가에 쉬시게 되었습니다. 그 때 제자들은 먹을 것을 구하려고 수가 성 동네로 갔습니다. 그 사이 한 여인이 물을 길러 왔고 예수님은 그의 영혼을 불쌍히 여기며 그녀를 전도하셨습니다.

마침내 그 여인은 메시야를 만난 기쁨, 영원한 생수를 발견한 기쁨을 동네에 들어가 증거 하게 되었습니다. 그리고서 제자들이 먹을 것을 가지고 와서 예수님께 잡수시기를 권하였습니다. 이때에 예수님은 이해하기 어려운 말씀을 하셨습니다.

"나에게는 너희가 알지 못하는 양식이 있다." 제자들은 수근거렸습니다. "누가 그 사이에 양식을 갖다 드렸을까?" 그러나 예수님이 말씀하신 양식은 제자들이 생각하는 그런 양식이 아니었습니다. "나의 양식은 나를 보내신 이의 뜻을 행하며 그의 일을 온전히 이루는 것"이라고 하였습니다.

예수님의 양식은 무엇입니까? 여러분의 양식은 무엇입니까? 여러분은 무엇을 먹고 사십니까? 예수님의 양식은 보내신 하나님 아버지의 뜻을 이루는 것, 그것을 온전히 이루는 것, 여기서 직접적으로는 사마리아 여인과 같은 영혼을 구하는 것, 그것이 양식이었다는 것입니다. 아마도 직접적으로는 이 아버지의 뜻을 이루려고 전도하다 보니 배고픈 줄도 모르겠다는 뜻일 것입니다.

어쨌든 이 말씀은 예수님의 인생관이 무엇인가를 잘 보여 줍니다. 예수님은 양식을 구하여 일한 것이 아니라 보내신 이의 뜻을 이루려 살고 계셨던 것입니다.

그래서 이 말씀을 묵상하며 내 아픈 몸을 이끌고 다시 주님 앞에 엎드려 고백하였습니다.

"주님 나의 이 유학과 공부가 꼭 주님의 뜻을 이루는데 사용되게 하옵소서."

내가 유학을 끝내고 귀국하여 서울신학대학의 교수가 된다 하여도 이를 출세로 생각하지 않고 소명으로 생각하기로 마음 먹었습니다. 그리고 맡은 바 가르치는 일에 충성하리라고 주님 앞에 다짐하였습니다.

여러분의 양식은 무엇입니까? 여러분도 "나의 양식은 나를 부르시고 보내신 하나님의 뜻을 이루는 것"이라고 말씀 하시겠습니까? 부를 포기 하십시오. 명예를 포기 하십시오. 권세도 포기 하십시오. 세속적인 직업에서 종교적인 직업으로 직장만 바뀌었을 뿐 여전히 부와 명예와 교권을 추구하는 사람이라면 진정한 주님의 일꾼이 될 수 없을 것입니다.

내 생각이 당신 생각?

하나님의 일꾼은 그 사역을 해 나감에 있어서 하나님의 뜻을 구하여야 함은 물론 더 나아가 하나님의 지침을 구하여야 합니다. 우리는 무조건 열심히 뛰면 다 하나님의 일이라고 생각하는 경향이 있습니다.

그러나 새벽부터 밤중까지 뛴다고 다 하나님의 일을 하는 것은 아닙니다. 하나님의 일은 하나님의 지시와 지침을 따라 이루어 가야 하는 것입니다. 우리는 너무 쉽사리 하나님을 향하여 "내 생각이 당신 생각이죠?" 하는 식으로 일해 나가는 경우가 많습니다. 성경에 보면 바울 사도가 아시아에서 복음을 전하려고 했습니다. 그런데 성령께서 복음을 전하지 못하게 하셨습니다.

바울은 아시아에서 복음을 전하는 것이 하나님의 일이라고 생각하였습니다. 그러나 하나님은 전하지 못하게 하셨습니다. 보세요. 우리가 선하다고 생각하는 대로 열심히 뛰기만 하면 다 하나님의 일이 된다고 생각하면 안 된다는 것이지요.

그래서 이번에는 브루기아와 갈라디아 땅으로 다녀가 무시아 앞에 이르러 비두니아로 가서 복음을 전하려고 애썼습니다. 그런데 비두니아에서 전하는 것도 주님이 금하십니다. 이 선한 일들을 왜 금하실까요?

> 6) 성령이 아시아에서 말씀을 전하지 못하게 하시거늘 브루기아와 갈라디아 땅으로 다녀가 7) 무시아 앞에 이르러 비두니아로 가고자 애쓰되 예수의 영이 허락지 아니하시는지라 8) 무시아를 지나 드로아로 내려갔는데 9) 밤에 환상이 바울에게 보이니 마게도냐 사람 하나가 서서 그에게 청하여 가로되 마게도냐로 건너와서 우리를 도우라 하거늘 10) 바울이 이 환상을 본 후에 우리가 곧 마게도냐로 떠나기를 힘쓰니 이는 하나님이 저 사람들에게 복음을 전하라고 우리를 부르신 줄로 인정함이러라. (사도행전 16:6-10).

아시아에서 복음 전하는 일도 필요하고 비두니아에 복음 전하는 일도 선한 일이지만 하나님의 계획은 마게도니아에 복음 전하는 일이 먼저 수행되어야 하는 일이었습니다.

그래서 하나님은 바울에게 마게도니아의 환상을 보여줌으로써 바울 일행의 선교여행 길을 마게도니아 즉 유럽 쪽으로 돌려 놓으셨습니다.

우리의 생활에서 예를 든다면 교회가 선교한다며 선교 후원금을 누구에게든 보내는 것은 선한 일입니다. 그러나 단순히 선교비를 누구에게 보낸다고 하나님의 일을 이루는 것이 아닙니다.

선교비를 누구에게 어떤 우선순위로 보내야 하는지도 기도해 보고 성령의 지침을 받아서 선교비를 사용할 때 하나님의 일을 이루는 것입니다. 성령의 지침 없이 보낸 선교비로 인하여 하나님의 일을 이루기보다는 하나님의 일을 망가뜨리는 경우도 생길 수 있다는 것이지요.

선교비를 보내지 말자는 뜻에서 하는 말이 아니라 기도하고 성령의 지침을 따르는 일의 중요성을 말하려는 것입니다.

누구의 능력으로?

하나님의 일꾼으로 또 하나의 조건이 있습니다. 그것은 하나님의 일을 하나님의 능력으로 행해야 한다는 것입니다. 오늘날 목회자나 선교사들은 많은 교육을 받아 유능해졌습니다. 그런데 그 받은 교육의 많음으로 인하여 무능해진 면도 있습니다. 마치 인간의 지식과 재능으로 사역이 이루어지는 것으로 착각하고 일하는 경우가 늘었다는 것입니다. 인간의 지혜와 능력으로도 어느 정도 목회가 이루어질 수는 있습니다. 그러나 하나님의 나라는 성령의 능력으로만 진정으로 이루어지는 것입니다.

4) 내 말과 내 전도함이 지혜의 권하는 말로 하지 아니하고 다만 성령의 나타남과 능력으로 하여 5) 너희 믿음이 사람의 지혜에 있지 아니하고 다만 하나님의 능력에 있게 하려 하였노라 (고린도전서 2:4-5).

예전 우리의 선배들은 많은 학문은 없었습니다. 그러나 하나님 앞에 엎드려 기도하며 성령의 능력으로 사역하여 대단한 부흥을 이루어 왔습니다. 지금 우리 사역자들은 그 열매로 산다고 해도 과언이 아닙니다.

요즘 우리의 학문은 많아졌으나 영성은 천박해졌다는 느낌이 듭니다. 우리는 바울 사도의 고백을 가슴에 품을 필요가 있습니다. 그는 많은 학문에도 불구하고 철저히 성령사역을 하도록 사모하고 기도하고 그렇게 해 나갔습니다. 하나님의 일꾼은 하나님의 능력으로 일하는 사람들입니다.

하나님의 일꾼은 하나님의 부르심에 대한 확신에서 출발하고 철저히 주님과 함께 일하는 청지기로 서야 합니다.

직업인으로서가 아니라 소명 인으로, 나의 영광이 아닌 주님

하나님의 일꾼으로 또 하나의 조건이 있습니다. 그것은 하나님의 일을 하나님의 능력으로 행해야 한다는 것입니다. 오늘날 목회자나 선교사들은 많은 교육을 받아 유능해졌습니다. 그런데 그 받은 교육의 많음으로 인하여 무능해진 면도 있습니다. 마치 인간의 지식과 재능으로 사역이 이루어지는 것으로 착각하고 일하는 경우가 늘었다는 것입니다. 인간의 지혜와 능력으로도 어느 정도 목회가 이루어질 수는 있습니다. 그러나 하나님의 나라는 성령의 능력으로만 진정으로 이루어지는 것입니다.

의 영광만 구하고, 나의 야망이 아니라 주님의 비전으로 일하고, 나의 생각으로가 아니라 성령의 지침으로, 나의 능력이 아니라 성령의 능력으로 일하는 사람이 되어야 할 것입니다. 이를 종합하여 "주어 바꾸기" 인생이라 명명할 수 있겠습니다.

"나와 세상은 간 곳 없고 구속한 주만 보이도다." 라고 노래했던 선배들의 노래를 진정으로 부를 수 있을 때까지 주님이 우리의 삶의 주인이요 우리 사역의 주인이요 나는 그에 의하여 쓰임 받는 존재일 뿐이라는 것을 고백해야 합니다.

하나님의 사람, 하나님의 일꾼으로 서기를 다짐하고 그렇게 되기를 원하며 기도합시다. 주어를 바꾸고 말입니다.

비전에 사는가? 야망에 사는가?

이제 이와 관련해서 우리가 또 하나 짚어 보아야 할 것이 있습니다. 우리가 사역하며 살아갈 때 비전으로 일하는가? 아니면 야망으로 일하는가? 이것도 저것도 없이 떠도는가? 하는 질문입니다.

나는 분명히 믿습니다. 하나님의 일꾼이란 하나님이 주신 비전을 품고 그것을 이루어가는 사역자라고 말입니다. 하나님의 비전을 보는 자가 하나님의 일꾼입니다. 여러분은 하나님의 비전을 품고 살아가십니까? 하나님이 주신 비전을 품고 일하고 계십니까?

　하나님의 사람이란 야망에 사는 사람들이 아닙니다. 제가 청년 시절 때 청년 연합 집회에 참석했던 일이 기억납니다. 그 때 설교하신 목사님은 당시 한국교계에 유명한 분이셨는데 청년들은 비전을 가져야 된다는 메시지를 전했던 것 같습니다.

　그런데 나에게는 그 설교가 야망을 지니고 살라는 메시지로 들려서 한 동안 나쁜 영향을 끼쳤습니다. 그 분은 청년들에게 청년들은 꿈을 가져야 하고 야망을 가져야 한다고 외치면서 그 영어의 격언도 들려주었습니다. 'Boys, be ambitious.' (소년들이며 야망을 가져라) 하는 것입니다.

　그래서 나는 그때부터 야망을 품고 살기로 결심하고 무엇이든 일등하고 앞장서고 최고가 되고 뭐 그런 것들이 야망이 되었습니다. 그 덕에 동기생 중에 제일 먼저 목사가 되기도 했고 제일 먼저 두각을 나타내어 교수가 되기도 했고 제일 먼저 목사들을 상대하는 세미나의 강사로 서게도 되고 초교파적인 일들에도 끼어들어 쟁쟁한 어른들과 어깨를 나란히 하는 꽤 성공적인 목사가 되었습니다.

　그러나 훗날 나는 주님께로부터 또 다른 교육을 받아야 했습니다. 주님의 영광을 위하여 산다고 하는 것이 결국엔 나의 야망을 위한 달음질로 전락하곤 하는 경험을 갖게 되었습니다. 그런 나를 주님은 달리다가 넘어지게 하시고 타이르셨습니다.

"나의 종은 자기가 세운 야망, 자기가 그린 꿈에 사는 사람이 아니다. 내가 준 비전, 하늘의 환상을 품고 사는 사람들이다." 바울 사도의 고백을 들어 보면 그가 하나님이 하늘에서 보이신 그것을 이루려고 쫓아갔다는 것을 알 수 있습니다.

> 15) 내가 대답하되 주여 뉘시니이까 주께서 가라사대 나는 네가 핍박하는 예수라 16) 일어나 네 발로 서라 내가 네게 나타난 것은 곧 네가 나를 본 일과 장차 내가 네게 나타날 일에 너로 사환과 증인을 삼으려 함이니 17) 이스라엘과 이방인들에게서 내가 너를 구원하여 저희에게 보내어 18) 그 눈을 뜨게 하여 어두움에서 빛으로, 사단의 권세에서 하나님께로 돌아가게 하고 죄 사함과 나를 믿어 거룩케 된 무리 가운데서 기업을 얻게 하리라 하더이다. 19) 아그립바 왕이여 그러므로 하늘에서 보이신 것을 내가 거스리지 아니하고 20) 먼저 다메섹에와 또 예루살렘에 있는 사람과 유대 온 땅과 이방인에게까지 회개하고 하나님께로 돌아가서 회개에 합당한 일을 행하라 선전하므로 (사도행전 26:15-20).

나는 이런 말씀들을 회상하면서 주께서 나에게 보이신 비전들이 무엇인지 정리하게 되었습니다. 맨 먼저 보이신 비전은 창세기 12:1-3절에 나오는 복의 근원자의 환상입니다.

1) 여호와께서 아브람에게 이르시되 너는 너의 본토 친척 아비 집을 떠나 내가 네게 지시할 땅으로 가라 2) 내가 너로 큰 민족을 이루고 네게 복을 주어 네 이름을 창대케 하리니 너는 복의 근원이 될지라 3) 너를 축복하는 자에게는 내가 복을 내리고 너를 저주하는 자에게는 내가 저주하리니 땅의 모든 족속이 너를 인하여 복을 얻을 것이니라 하신지라 (창세기 12:1-3).

청년 시절 나의 가슴을 흥분하게 하였던 나의 비전은 땅의 모든 족속이 나로 인하여 복을 받게 되는 것이었습니다. 시편 2장 8절에 열방을 주신다는 비전이 있습니다. 나는 아무래도 열방을 위하여 헌신하는 삶이어야 했습니다.

내게 구하라 내가 열방을 유업으로 주리니 네 소유가 땅 끝까지 이르리로다 (시편 2:8).

그리고는 요한계시록 7장 9~10절의 환상, 하늘의 환상이 정리되었습니다.

9) 이 일 후에 내가 보니 각 나라와 족속과 백성과 방언에서 아무라도 능히 셀 수 없는 큰 무리가 흰 옷을 입고 손에 종려가지를 들고 보좌 앞과 어린 양 앞에 서서 10) 큰 소리로 외쳐 가로되 구원하심이 보좌에 앉으신 우리 하나님과 어린 양에게 있도다 (요한계시록 7:9-10).

하늘의 환상은 각 나라와 각 족속과 각 백성과 각 방언에서 구원받은 사람들이 주님을 찬양하는 환상이었습니다. 그리고 이 하늘에서 이루어진 뜻이 땅에서 이루어지도록 기도하며 헌신하는 것이 나에게 주어진 비전이었습니다.

하나님이 주시는 비전이란 대체로 말씀을 통하여 계시된 내용인 경우가 많습니다. 그래서 나의 꿈이 무어냐고 묻는다면 나는 주님께 영광 돌리는 삶과 땅 끝까지 주님의 생명의 복음과 부흥을 전하는 것이 소원이요 꿈이요 비전이라고 하겠습니다. 그래서 내가 적어 둔 시 한 편 잠시 감상하고 가지요.

민들레

겨우내 긴 긴 밤을 빚어

이 봄에 두어 송이 꿈을 피웠네.

한 목숨 꽃 향으로 기화되어

펄럭이며 하늘에 오르는 꿈

생명이 불 솟는 빛의 날개로

하늘 가 끝 마을로 날아가는 꿈

하나님의 비전에 사는 사람들이 하나님의 사람이요, 하나님의 일꾼입니다. 하나님의 비전을 품지 못하고 사는 하나님의 일꾼은 불쌍합니다. 자기의 야망에 사는 사람 또한 처량한 것이지요. 하나님의 비전을 품고 살며 기도하며 사역하게 되기를 바랍니다.

예수님의 심장을?

우리 목사나 선교사는 하나님의 사람이요, 하나님의 일꾼으로 우리 주님 예수 그리스도의 심장을 지니고 살아야 한다고 생각합니다. 자칫하면 교회 회중과 성도들을 사랑하는 마음으로 보지 못하고 교인들을 무슨 이데올로기를 실현하는 대상이나 목사의 꿈을 실현하는 도구처럼 치부해 버리는 경향이 있습니다. 물론 처음부터 그렇게 하겠다고 의도하는 사람은 없지만 결과적으로 그렇게 되는 경우가 많아 보입니다.

목회란 사랑으로 행하는 것입니다. 목회자는 사랑하는 마음으로 영혼들을 위하여 봉사하는 간절함이 있어야 합니다.

물론 젊을수록 목회를 이념이나 신념을 실현하는 장으로 생각하는 경향에 있지만 그 보다 앞서 영혼과 인생을 사랑과 애정으로 대하는 마음부터 갖추고 있어야 합니다. 예수의 심장, 사랑으로 가득한 간절함이 있어야 합니다. 바울 사도가 고백하는 것처럼 형제들을 사모하고 사랑하는 관계에서 목회하고 선교해야 합니다.

내가 예수 그리스도의 심장으로 너희 무리를 어떻게 사모하는지 하나님이 내 증인이시니라 (빌립보서 1:8).

목회자나 선교사는 하나의 직업인으로서가 아니라 하나님의 사람으로 하나님의 일꾼으로 생명을 살리고 인간을 치유하고 가정을 새롭게 하고 사회를 변화시켜 나가는 사역을 해야 합니다. 그리고 이 사역의 중심에는 영혼과 인생에 대한 진정한 사랑이 자리 잡고 있어야 합니다.

당신의 영광은 무엇입니까?

나는 유학을 마치고 돌아와 서울신학대학의 교수가 되었습니다. 약 3년 동안 교수직에서 주님의 뜻을 이루어 보겠다는 생각으로 학생들을 가르치고 상담하고 도전하였습니다. 그러나 당시의 학교 분위기가 싸움판으로 느껴지면서 젊은 의기를 참지 못한 나는 교수직을 던져 버리고 경남 밀양으로 목회하러 떠나 버렸습니다. 뭐 혼자 잘난 체 한 것 같기도 하고 젊은 의기로는 결단을 잘 한 것 같기도 하고 그랬습니다만 어쨌든 저는 밀양에서 목회를 하였습니다.

아직 젊기도 하려니와 정열이 있어 중고등부 학생 수련회도 담임 목사인 제가 직접 기획하고 실행하고 설교도 하였습니다. 한 여름 수련회에서 마지막 프로그램이 "순례자의 묵상"이라 이름 붙인 것이었는데 그것은 수련회 장소에서 한 사람씩 개인 출발하면서 약 5m 간격을 두고 느린 걸음으로 걸으면서 2km 정도 걷는 프로그램이었습니다.

걸으면서 수련회 기간 동안 선포된 메시지들 묵상하며 하나님 앞에 자신을 정리하며 또 기도하며 서원하는 묵상과 기도의 걷기였습니다. 그래서 중간 중간 길 안내 겸 팻말을 세우고 묵상을 돕는 질문도 적어 놓았습니다.

그런데 맨 마지막 부분에 무덤이 나란히 세 개가 있는 곳을 통과하게 되어 있었습니다. 그래서 그 무덤 앞에 팻말을 세우고 "당신이 죽어 무덤에 묻힐 때 당신의 비문에 무엇이라 쓸 수 있겠습니까?" 하는 매우 철학적이고 심각한 질문을 써 놓았습니다.

나는 그 때만 해도 "너희는 듣고 행하라 나는 지도자니까 시키기만 한다."는 태도를 싫어하였기에 나도 똑 같은 순례자의 한 사람으로 중간쯤에 출발하여 학생들 사이에서 걸으며 묵상하며 기도하고 있었습니다. 무덤 앞에 이르러 팻말에 쓰인 글귀를 읽게 되었습니다. 내가 그 글을 읽고는 내 마음에 얼른 대답하였습니다.

" '이 강천, 그는 평생 참으로 열심히 살다 갔다.' 라고 쓸 수 있겠지."

라고 중얼거렸습니다. 그때 하늘에서 음성이 들리는 듯하였습니다.

"네가 누구를 위하여 무엇을 위하여 열심히 살다 왔느냐?"

마치 내가 죽은 후 하나님 앞에 섰을 때 하나님께서 나에게 질문하는 것처럼 느껴졌습니다. 열심히 산다는 것은 사실이었지만 그것이 전날 유학 시절에 주님 앞에 울면서 다짐하고 서원한 대로 주님을 위하여 주님의 영광을 위하여 주님의 뜻을 이루기 위하여 열심히 아침부터 밤중까지 뛰고 달리는 것이냐는 반성 앞에 설 때 나는 또 다시 나의 성취욕구, 나의 영광을 구하여 뛰고 있음을 발견하고 그 길가에 무릎을 꿇고 울었습니다.

나는 언제나 나를 포기하고 주님만을 구할 것인지 나를 불쌍히 여겨 달라고 주님 앞에 울며 다시 주님께 나를 헌신하는 기도를 드렸습니다. 내가 놀라 나를 의식하고 보니 뒤에 오던 학생들이 모두 멈추어 서서 기다리고 있었습니다.

다시 걸어 정해진 나무 그늘에 자리하고 학생들 모두 하듯 반성과 서원과 간구를 담은 글을 쓰기 시작하였습니다. 그 때 예수님의 말씀이 생각났습니다. 예수님의 영광에 관한 말씀이었습니다.

예수께서 대답하여 가라사대 인자의 영광을 얻을 때가 왔도다. 24)
내가 진실로진실로 너희에게 이르노니 한 알의 밀이 땅에 떨어져 죽지 아니하면 한 알 그대로 있고 죽으면 많은 열매를 맺느니라. 25) 자기 생명을 사랑하는 자는 잃어버릴 것이요 이 세상에서 자기 생명을 미워하는 자는 영생하도록 보존하리라 26) 사람이 나를 섬기려면 나를 따르라 나 있는 곳에 나를 섬기는 자도 거기 있으리니 사람이 나를 섬기면 내 아버지께서 저를 귀히 여기시리라 (요한복음 12:23-26).

예수님이 예루살렘에 올라가 십자가를 지실 시간이 가까웠던 그날에 찾아온 헬라인들을 맞이하기 전에 다짐하는 말씀 그리고 제자들에게 확증하고 가르치신 말씀입니다. 여기서 예수님이 말씀하신 영광의 때는 언제일까요?

꿈에 부풀어 있던 어느 청년의 말이 생각납니다. 그 청년은 시골에서 자란 가난한 청년이었는데 늘 하는 말이 "내가 출세해서 그랜저 몰고 고향에 가야지." 하는 것입니다. 당시에 그랜저는 최고급 차였고 그 청년에게는 출세하고 돈 벌어서 최고급 승용차 몰고 고향에 가는 날이 영광의 때가 될 것이었습니다.

목사들은 어느 때가 영광의 때일까요? 5천 평 예배당을 헌당하는 날인가요? 1만 명 신자를 돌파하는 날인가요? 아니면 박사학위 받는 날인가요? 또는 총회장이 되는 날인가요? 여러분의 영광의 때는 언제입니까?

예수님은 어느 때를 영광의 때로 생각하였던 것일까요? 십자가의 때? 부활의 때? 승천의 때? 재림의 때? 여기서 말씀하신 예수님의 영광의 때는 십자가의 때입니다. 이어서 그러므로 한 알의 밀이 죽음으로 많은 열매를 맺는다고 말씀 하십니다. 예수님은 그 십자가의 험악하고 고통스러운 죽음의 때를 내다보며 영광의 때라고 규정하고 계십니다.

왜 그 죽음의 때가 영광의 때입니까? 그 십자가의 죽음은 보내신 자의 뜻을 완성하는 때이기 때문입니다. 예수님은 소명에 살고 소명에 죽는 인생관을 사셨습니다. 이러한 말씀을 묵상하면서 나는 마음을 다시 다잡아 주님께 헌신을 다짐하였습니다. 나의 영광은 주님의 뜻을 이루는 것이라고 고백하였습니다.

여러분, 명예에 가장 약한 사람이 어떤 부류의 사람인지 아십니까? 목사라는 사람들입니다. 기독교 연합회라는 조직을 보면 회장이 10여명 되고 대표회장을 두거나 부회장이 10여명 총무도 이런 저런 이름 붙인 총무가 10여명, 이런 저런 이름의 임원 명단을 보니까 어느 시 기독교 연합회 임원이 약 100명이나 되더군요. 세상에, 임원 수가 100명이나 되는 단체가 또 어디 있겠습니까? 이것만 봐도 목사들이 명예를 좋아하고 자기 영광을 취한다는 것을 단적으로 증명해 주고 있지 않습니까?

여러분, 여러분의 영광은 무엇이며 여러분의 영광의 때는 언제입니까? 하나님의 일꾼은 하나님의 영광을 구하여야지 자신의 영광을 구해서는 안 됩니다. 우리의 영광을 포기하고 그 분의 영광을 구하며 살고 싶지 않으십니까?

난 찬양하고 싶은데

조명인 사모 제 11기, 대전 서광교회

"하나님의 임재하심을 느끼며 성령 충만함으로 감동적인 예배를 드리는 교회는 어디에 있을까? 나는 지금 그런 예배의 자리에 가고 싶어, 그런데 나는 가야만 하는 교회가 있어, 사모이니까 우리 교회를 떠날 수 없잖아!"

금년 초, 교회를 개척한지 2년이 지난 어느 날 새벽, 새벽 기도회에 가기 위해 교회를 향하던 나는 문득 골목에 멈추어 이런 어처구니없는 생각을 하는 나를 보고 깜짝 놀랐다. 사모가 이런 생각을 가지고 있는데 하나님께서 누구를 우리 교회에 보내 주시겠는가? 그리고 전도 대상자들을 만나도 예수님에 관해서는 그런 대로 진했시만 우리 교회에 나오라는 말은 자신 있게 하지 못했던 나의 태도를 떠올리며 참으로 참담한 기분에 젖어 들었다. 그것은 남편에게 이야기 할 수 있는 성질의 기분이 아니었다. 나름대로 열심히 목회하려 애쓰는 남편이 아닌가? 오히려 "사모가 목회 경험이 있어서 많은 도움이 되겠다"라는 동기 목사님들의 말에 동의할 수도, 부인할 수도 없는 애매한입장인데….

난 그렇게 사모 자격이 없는 사모였다. 전도사로서는 할 일이 있었지만 사모는 어떻게 해야 하는 건지 도무지 대책이 서질 않았다. 난 돕는 배필이니까 목사를 앞서서는 안돼 ! 성령 충만해도 안돼 ! 은사를 더 받아서도 안돼! 하나님의 계시도 목사가 받아야 돼 !개척교회 사모는 청소나 잘하고 부엌일을 잘해야 되는 거야 ! 그러면서 점점 마르다를 닮아가고 있었다. 목사를 앞서지 말라는 많은 분들의 충고에 나름대로 최선을 다하고 있는 것 같았지만 그러나 내 영혼은 타는 목마름으로 죽어가고 몸도 약해지고 있었다.

그러던 중 목사님이 바나바 훈련원에서 훈련을 받게 되었다. 첫 번 훈련에 다녀왔을 때부터 라이프스타일을 바꾸어야겠다고 하며, 오전 서재 지키기와 매일 아침 말씀 묵상을 하겠다는 것이었다. 그렇게 기쁠 수가 없었다. 그러나 말씀 묵상이 날마다 이루어 지지 않을 때 "그러면 그렇지" 하는 마음이 들며 실망이 되기도 했다. 내게도 말씀 묵상을 권하며 책을 사다 주었지만 나 역시 분주한 아침 시간에 날마다 하지 못했다. 그러나 어쩌다 묵상한 말씀을 나눌 때에는 훨씬 좋았기에 계속하기로 다짐했다가도 그만두기를 몇 번이나 반복했다. 그러면서도 목사님이 읽는 필독서를 함께 읽는 가운데 뜨거운 눈물이 나고 많은 도전을 받게 되었다. 주님과 함께하는 삶 속에서 기적이 일어나고 중보 기도의 사역을 통해서 세계가 하나되며 중요한 결정들이 바뀌기도 하고 …….

얼마나 많은 평신도들이 이런 왕의 자녀의 권세를 누리며 살아가고 있는데, 지금 나는 귀한 날을 무의미하게 살아가고 있음을 깨달을 수 있었다.

바나바 훈련원에서 불렀던 찬양을 가르쳐 달라고 하여 함께 부르면서 영감 있는 찬양으로 마음이 어루만져졌다. 악보를 복사하여 아이들과 함께 찬송 부를 때 큰 은혜의 감동을 체험하곤 했다. 한 달에 한번 바나바 훈련원에 다녀 올 때마다 도전을 받고 노력하는 목사님을 보면서 큰 기대와 소망을 가지고 사모 훈련 일을 기다렸지만 막상 훈련 일을 며칠 앞두고 유독 가스를 마신 나는 머리가 너무 무겁고 목과 가슴이 찢기듯 아팠으며 몸이 말을 듣지 않아 포기하고 싶은 마음이 들 정도였다.

그러나 너무 기다리던 중이고 사단의 방해라는 생각이 들어 기도하며 훈련원에 들어갔다. 훈련 중에 치료 받기를 원하면서 …….

훈련원에서 첫날부터 하나님께서는 나를 위해 예비하신 은혜를 부어 주셨다. 나는 그 자리에 사모로서 있는 것이 아니었다. 하나님께서 그토록 사랑하셔서 구원하셨고, 자녀 삼으셨고, 교제하기를 원하셨고, 하나님의 자녀인 증거를 나타내기를 원하셨으며, 나를 통해 그 이름이 영광 받으시기를 원하셨던 나를 그 자리에 서게 하셨다. 내가 전도사이기 때문에? 혹은 사모이기 때문이 아니라 그냥 왕이신 하나님의 자녀이기 때문에 나를 찾아와 만나 주셨다. 하나님께서는 언제나 그렇게 나를 찾으셨지만 난 그 분을 뵐 때마다 비지니스로 만났음을 깨달았다.

목사님들이 찬양을 제일 못한다는 원장님의 말씀에도 공감이 갔다. 2년이 넘도록 반주자로 앉아 마음 졸이면서 성도의 출석 상황을 살피느라 제대로 찬양을 드린 적이 없었다. 난 찬양하고 싶은데 … 그러나 그것은 차라리 노래하고 싶었다는 표현이 맞을 것이다. 첫날부터 목이 잠겨서 소리는 나오지 않았지만 난 너무 오랜만에 내 영이 신령과 진정으로 찬양하며 예배하며 기뻐함을 느낄 수 있었다.

중보 기도에 관한 강의를 듣는 중에 지난4월 달에 중보 기도에 관하여 목사님을 통하여 듣고 몇 사람이 합심하여 기도한 결과 이미 응답 받은 일들이 생각나서 하나님께 영광과 감사를 드렸다.

25년간 교회에서 멀어져 있던 성도의 신앙이 회복되었으며 오랫동안 아내들이 기도했던 두 명의 남편들이 교회에 출석하는 역사가 있었던 것이다. 이 놀라운 일들을 감사하며 중보 기도의 사명을 감당할 것을 약속했다.

말씀 묵상 일천번제를 작정하고 목사님께 여쭈었다. "목사님 피치 못할 일이 있어서 아침에 하지 못하면 그날 중에만 하면 될까요?" 이 질문엔 사단의 유혹에 완곡하게 대답했던 하와의 간교함이 들어 있었던 것 같다. 그러나 목사님께서는 "번제란 그런 마음으로 곤란하죠 ! 번제는 생명을 드리는 것입니다. 어떤 일보다도 절대적으로 우선권을 두어야 할 것입니다."라고 말씀하셨다.

이 답변을 들으면서 나는 결심했다. "그래 그런 마음으로 하지 못한다면 번제가 아니지 하나님 ! 할께요. 무슨 일보다 매일 첫 시간 하나님의 음성을 듣는 일에 우선권을 두고 하나님이 기뻐하시는 일천번제를 드릴께요. 그리고 나면 평생을 드릴 수 있겠죠" 하나님께서는 말씀 묵상하는 첫날보다 둘째 날, 둘째 날보다 셋째 날, 더 큰 은혜로 나를 격려해 주셨다. 둘째 날 묵상 시간에 하나님께서는 나를 둘러싸고 있는 사단에게 맹렬한 분노로 꾸짖으시며 나를 지키고 계심을 확신 시켜 주셨다.

그리고 셋째 날은 이방인의 노략 거리와 조롱거리가 된 성읍의 황무한 사막에서 나를 대신하여 하나님이 그 곳에 있었노라고 말씀하셨나. 그리곤 내가 당할 수치를 당신이 당할 자 인 것처럼 당하시는 갈보리 언덕의 예수님을 보게 되었다. 그 곳은 눈이 부시도록 밝은 빛으로 조명이 되었는데 십자가에 달리신 예수님이 내가 당할 부끄러움을 대신 담당하고 계셨다. 그분은 내가 당할 조롱을 대신 담당하고 계시면서도 나를 보고 원망하지 않으셨고 "괜찮다 이것이너를 향한 나의 사랑이라" 는 눈빛으로 날 바라 보셨다.

난 십자가 밑에서 통곡을 했다. 너무 오래 주님을 기다리시게 했다는 생각에 견딜 수가 없었다. 누가 말했듯이 주님이 내게 할 말이 있어도 어느 시간에 오셔야 만날 수 있는지 알 수 없을 만큼 난 다른 일에 분주했다. 그것도 "주님을 기쁘시게 한다는 명분"으로 말이다. 집에 돌아와서도 말씀 묵상 시간이 즐겁다. 기다려진다.

잠자리에 들면서 "내일 아침 묵상을 지금하면 안될까? 뭐라 말씀하실지 궁금해" 하는 생각을 하고는 혼자 웃기도 한다. 말씀 묵상에 대한 간증을 해 주신 유 목사님께 감사를 드리면서 훈련원에서 집으로 돌아오는 길에 아들의 책을 사서 예쁜 포장지로 포장을 하여 선물로 주었다. 아들도100일을 작정하고 말씀 묵상을 하기로 했다.

이젠 우리 가족의 아침 풍경이 달라졌다. 말씀 묵상을 끝내고 아버지가 자고 있는 아들에게 축복기도를 해주면 아들은 눈을 비비고 나와 세수를 하고 "나도 말씀 묵상 해야지" 하면서 책을 들고 거실로 모인다. 중학교 1학년인 큰 아이는 "예수 나라"로 초등학교 5학년인 둘째 아이는 "예수님이 좋아요" 로 말씀 묵상을 한다. 그리고 아침 식탁에서 오늘 깨달은 말씀이나 적용할일을 나누고 서로 격려하기도 한다. 가끔은 저녁에 "오늘은 얼마나 적용하며 살았는지" 이야기를 나누기도 한다.

한 아이는 선교사, 한 아이는 목사님이 되겠다고 하는 아이들에게 말씀 묵상은 얼마나 귀한 것인가? 생각해보면 적절한 때에 목사님을 바나바 훈련원으로 부르셔서 훈련하시고 부족한 나를 깨우쳐주셨으며 그 은혜를 온 가족이 함께 누릴 수 있게 하신 하나님의 사랑에 감사할 뿐이다.

"주 예수를 믿으라 그리하면 너와 네 집이 구원을 얻으리라"는 말씀을 실감하며 이 은혜가 가정에서 교회로, 지역으로, 확산될 것을 소원하며 간증을 마치려 한다.

또 산에 오르사 자기의 원하는 자들을 부르시니 나아온지라
이에 열 둘을 세우셨으니 이는 자기와 함께 있게 하시고
또 보내사 전도도 하며
귀신을 내어 쫓는 권세도 있게 하려 하심이러라

성령사역을
위한 준비 1

말씀묵상

"주님과 함께 하는 삶과 사역을 위해 말씀 묵상을 하십니까?"라는 질문 앞에 자신을 세우며 점검하십시다. 주님과 함께 하는 삶의 라이프스타일로서 중요한 것은 첫째가 말씀 묵상이라고 생각합니다. 영성 생활과 말씀 묵상의 중요성을 인식하고 생활화 하는 계기가 되기를 바랍니다.

함께 있게 하시려고

여기 예수님이 제자들을 부르신 목적이 계시되어 있는 마가복음의 말씀은 놀라운 메시지를 줍니다. 우선 마가복음 3장 13-15절을 읽어 봅시다.

13) 또 산에 오르사 자기의 원하는 자들을 부르시니 나아온지라 14) 이에 열 둘을 세우셨으니 이는 자기와 함께 있게 하시고 또 보내사 전도도 하며 15) 귀신을 내어 쫓는 권세도 있게 하려 하심이러라 (마가복음 3:13-15).

여기서 먼저 예수님의 부르심의 과정을 살펴봅시다. 예수께서 제자들을 선택하시는데 "자기의 원하는 자들을 부르시니" 라고 되어 있습니다. 자기의 원하는 자들이란 제자들이 원해서 택하였다는 것입니까? 예수님이 원해서 택하였다는 것입니까? 예수님이 원하는 자들을 택하였다는 말이지요.

여러분, 여러분이 목사나 선교사가 된 것은 여러분이 원해서 선택한 직업입니까? 아니면 주님이 여러분을 원하여서 선택하여 세우신 것입니까? 지난 시간에도 하나님의 일꾼으로서의 정체성의 중요성을 말한 바 있는데 여기서 다시 한 번 확인하고 갑니다.

만일 내가 원해서 선택한 일이라면 내가 하기 싫으면 그만 둘 수 있을 것입니다. 그러나 주님이 원하여 선택 받은 일이라면 주님이 쫓아내기 전에는 내가 싫다고 안 할 수 있는 성격의 사역이 아닙니다. 우리는 주님에게 매인 바 된 것입니다.

그러나 여러분 한 번 묵상해 보십시오. 수십억 사람들 가운데 아니 한국에서만도 수천만 사람들 가운데 주님이 여러분을 원하셨습니다. 이 얼마나 황송한 감격입니까?

우리는 주님께 선택받은 존재들입니다. 그러므로 목회 사역이란 감격으로 하는 것입니다. 생각해 보십시오. 우리가 무엇이 잘 나서 주님의 일꾼이 된 것도 아닌데 주님이 우리를 원하셨다는 사실만 생각해도 황송하고 감사한 일이 아닙니까? 저는 주님의 일꾼이 된 것에 대한 감격으로 일하곤 합니다. 여러분, 감격으로 주님을 따르며 충성하게 되기를 바랍니다.

이제 본 주제와 직접 관련하여 주님이 우리를 무슨 목적으로 불렀는가를 묵상해 봅시다. 주님이 우리를 부르신 데에는 두 가지 목적이 있습니다. 첫째는 "이는 자기와 함께 있게 하시고"입니다. 주님이 우리를 부르신 목적은 우리를 주님과 함께 있게 하기 위함이라는 것입니다. 그리고 두 번째는 "또 보내사 전도도 하며 귀신을 내어 쫓는 권세도 있게 하려 함"이라고 하였습니다. 즉 전도와 귀신 쫓는 일, 병 고치는 일등 사역을 맡기시려 하신 것이지요.

우리는 흔히 주님이 주의 일을 맡기려고 우리를 불렀다고 믿고 있습니다. 그것도 맞는 말입니다. 그러나 주님이 우리를 부르신 첫 번째 목적은 놀랍게도 주님이 우리와 함께 있고 싶으셨기 때문이라는 것입니다.

나는 이 말씀을 묵상하다가 놀랍고 회개하는 마음을 갖게 되었습니다. 새벽부터 밤중까지 뛰고 닫고 열심히 일만 하는 것보다 주님은 함께 있자고 하십니다. 여러분, 주님과 영적으로 깊이 있는 교제를 위하여 얼마나 시간을 드리고 있습니까?

한번은 사랑하는 후배 목사를 위하여 축복하며 중보 기도를 하고 있었습니다. 그런데 기도하는 중에 주께서 영적인 음성을 들려주시는 것 같았습니다.

"그를 위하여 기도만 하지 말고 나의 마음을 전해 주어라" 하는 것이었습니다. 그리고는 그에게 전화하여 "내가 그의 얼굴 보기가 힘들다고 전하여라." 하는 것입니다.

여러분, 아무리 우리가 일을 열심히 하여도 주님이 얼굴 보기 힘들다고 하시게 될 지경이면 안 되는 것입니다. 그래서 그에게 어렵사리 전화를 하게 되었습니다. 그리고는 하나님의 마음을 전해 주었습니다.

"아무개 목사야, 하나님이 그대 얼굴 보기 힘들다 하시던데 무슨 말씀인지 잘 생각해 보아라."

"예? 하나님이 제 얼굴 보기 힘들다고 하셔요? 매일 인사드리는데."

그러면서 전화를 끊었으나 무슨 말인지 못 알아듣는 것 같았습니다. 그러다가 교회에 어려운 일이 생겨 신자들이 수십 명 분열되어 나가는 고통 속에서 40일 금식 기도하다가 그 말의 의미를 깨닫고 회개하였다고 합니다. 그리고 경건생활에 힘쓰는 사람이 되겠다고 결심하고 우리 훈련원 재수생 1호가 되어 열심히 훈련 받고 새 사람이 되었습니다.

그리고는 말씀 묵상 1천 번제를 우선적으로 행했다고 합니다. 그 1천 번제를 서원하고 실천하더니 지금은 말씀묵상 1만 번제를 하고 있습니다. 여러분, 주님이 일만 시키려고 우리를 부르신 것이 아니라 함께 있자고, 함께 이야기 하자고, 함께 교제 하자고, 함께 거하자고 부르신 것입니다. 이것은 특권이요, 감격입니다.

여러분, 주님과 함께 있는 시간, 주님과 대화하는 시간을 갖기 위하여 말씀 묵상과 기도하는 시간을 즐거이 떼어 놓읍시다.

이 첫 번째 우선순위, 주님과 함께 있는 시간, 주님과 깊은 교제가 이루어지는 삶이 잘 되어야 두 번째 목적, 일꾼으로서 일하는 사역도 잘 될 수 있는 것입니다. 이 순위가 뒤바뀌면 안 됩니다. 일만 중요시 하고 주님과의 깊은 영적 교제를 등한시 하면 사역도 잘 할 수 없습니다.

아버지의 양육을 받는 일

그럼 이제 말씀 묵상이 무엇인지 왜 중요한지 살펴보도록 하겠습니다. 말씀 묵상이란 하나님의 자녀가 성경을 통하여 하나님 아버지의 양육을 받는 일이라고 정의 할 수 있습니다. 매일 매일 성경을 읽고 묵상하며 그 속에서 아버지가 아들에게 또는 딸에게 하시는 말씀을 듣고 우리 자신이 아버지의 양육을 받는 것입니다. 여기 딤후 3장 14-17절에 성경이 어떤 성격의 책인가를 설명하고 있습니다.

> 14) 그러나 너는 배우고 확신한 일에 거하라 네가 뉘게서 배운 것을 알며 15) 또 네가 어려서부터 성경을 알았나니 성경은 능히 너로 하여금 그리스도 예수 안에 있는 믿음으로 말미암아 구원에 이르는 지혜가 있게 하느니라. 16) 모든 성경은 하나님의 감동으로 된 것으로 교훈과 책망과 바르게 함과 의로 교육하기에 유익하니 17) 이는 하나님의 사람으로 온전케 하며 모든 선한 일을 행하기에 온전케 하려 함이니라 (디모데후서 3:14-17).

우선 성경은 우리에게 확신의 근거로 주어졌다는 것을 알 수 있습니다. 그러나 가장 근본적인 것은 성경은 인간의 구원을 위한 계시의 책이라는 것입니다.

목회하던 시절 어느 집사님 댁을 방문하였을 때 받은 질문이 기억납니다.

"목사님, 교회에서는 왜 우리나라의 역사는 한 번도 취급하지 않으면서 유대인의 역사는 매일 읽고 가르치는 것이지요?"

하는 질문이었습니다. 성경은 분명 유대인의 역사임에는 틀림없지요.

그러나 단순한 역사로서의 유대인의 역사를 기록한 것이 아니라 하나님의 구속의 역사, 구원의 역사로서의 유대인과의 언약의 역사를 기록하고 있는 것이지요.

성경은 죄인 된 인간이 어떻게 하나님의 구원의 은혜를 받을 것인가를 가르쳐 주는 책입니다. 이것이 성경의 가장 큰 특징입니다.

> 오직 이것을 기록함은 너희로 예수께서 하나님의 아들 그리스도이심을 믿게 하려 함이요 또 너희로 믿고 그 이름을 힘입어 생명을 얻게 하려 함이니라 (요한복음 20:31).

그렇다면 이제 구원 받은 신자가 성경을 또 읽는 이유는 무엇입니까? 성경은 구원의 책일 뿐 아니라 두 번째로는 양육의 책이기 때문입니다. 본문 말씀을 다시 확인해 보십시오.

16) 모든 성경은 하나님의 감동으로 된 것으로 교훈과 책망과 바르게 함과 의로 교육하기에 유익하니 17) 이는 하나님의 사람으로 온전케 하며 모든 선한 일을 행하기에 온전케 하려 함이니라 (디모데후서 3:16-17).

성경은 교훈과 책망과 바르게 함과 의로 교육하는 책이라는 것이지요. 그렇습니다. 하나님이 성경을 기록하여 우리에게 주신 것은 하나님의 자녀로 살아갈 길을 가르쳐 주고 우리를 양육하고 교육하여 하나님의 사람으로, 하나님의 일꾼으로 성숙시키려는 의도입니다.

성경은 일차적으로 구원의 책이지만 이차적으로는 구원받은 하나님의 자녀들을 양육하는 책입니다. 성경은 인생관, 가치관, 세계관등을 가르쳐 줍니다. 성경은 때로 자녀들을 책망하시는 하나님의 음성으로 들려옵니다.

그리고 우리의 사람됨을 교정하여 줍니다. 바르게 교육합니다. 하나님의 양육의 목표는 온전함입니다. 하나님의 사람으로 온전케 하려는 것이지요. 또 하나는 하나님의 일꾼으로 온전케 하려는 것입니다. 하나님의 사람으로, 하나님의 일꾼으로 온전케 될 때까지 양육하려는 의지로 하나님은 우리에게 성경을 주셨고 성경을 통하여 우리에게 말씀하십니다.

여기 하나님의 사람으로 온전케 한다는 목표를 분명히 하고 있는데 여기 사용된 온전이란 말은 '알티오스'로서 완전한 (perfect) 사람을 만드시려는 것이 하나님의 의지임을 가르쳐 줍니다. 하나님은 여러분과 나, 하나님의 자녀들을 하나님의 사람으로 온전케 하시려고 말씀 하십니다.

우리는 하나님의 사람으로 온전케 될 때까지는 하나님의 양육을 받아야 합니다. "하나님의 사람" 얼마나 위대한 이름입니까? 나에게는 한 가지 소원이 있습니다. 내 평생에 듣지 못하면 장례식장에서라도 누군가 "이 강천 그는 하나님의 사람이었습니다."라고 말하는 것을 들을 수 있다면 하는 소원이 있고 그렇게 양육되기를 소망하는 것입니다.

그 다음 "모든 선한 일을 행하기에 온전케" 한다는 말은 선악을 구분하여 윤리적으로 살게 한다는 의미이기 보다는 일을 행하기에 온전케 한다는 말입니다. 우리말로는 같은 온전이라 번역되어 있으나 여기서의 온전은 '엑셀티스메노스' 즉 '엑셀티조,' 온전히 갖춘다(to furnish perfectly) 또는 온전히 무장한다(To equip fully)는 뜻입니다.

'알티오스'에서 유래하였으나 보다 갖추다, 구비하다, 무장하다는 뜻으로 사용되고 있어 여기서는 갖추어 구비하여 무장되는 것을 뜻합니다. 그러니 이는 하나님의 일을 행하기에 온전히 구비하게끔 양육하고 훈련한다는 것이지요.

여러분, 우리가 육신적으로는 언제까지 부모의 양육을 받습니까? 약 20세까지 아니면 결혼할 때까지 양육을 받는 셈이지요. 그러면 영적으로는 언제까지 양육을 받아야 합니까? 은퇴하는 날까지? 죽는 날까지? 그렇습니다. 영적 양육은 어느 기한까지가 아니라 온전케 될 때까지 양육을 받습니다. 어느 때에 온전케 될까요? 아마 우리는 죽는 날까지 양육을 받아야 할 것입니다.

저는 말씀 묵상을 "성경을 통하여 하나님 아버지의 양육을 받는 일"이라고 정의 합니다. 저는 말씀 묵상하는 방법을 거의 강의하지 않습니다. 방법에 매여서 그 포맷만 만드느라고 또 씨름할지두 모르니까요. 중요한 것은 하나님 아버지의 양육을 받기로 하는 간절하고 겸손한 마음과 사모하는 마음입니다.

간절한 마음으로 성경을 읽고 묵상하며 아버지의 양육의 음성을 듣는 그 자세만 갖춘다면 아버지의 음성이 들려오게 되어있습니다. "아버지, 이 말씀을 통하여 이 아들에게 말씀 하시려는 것이 무엇입니까?"라고 여쭈면서 묵상하고 기도하고 아버지의 마음을 헤아려 보는 것입니다.

여러분, 하나님 아버지의 양육을 받고 싶지 않으십니까? 은퇴하는 날까지 아니 죽는 날까지 하나님 아버지의 양육을 받음으로 꾸준히 성장하는, 꾸준히 성숙하는 하나님의 사람, 하나님의 일꾼이 되어야 합니다.

많은 목회자들이 50만 넘으면 건달이 되어 가는 현상을 보이고 있는 것은 목사가 하나님 아버지의 양육을 받기 위한 자세로 성경을 읽지 않고 설교하기 위하여 성경을 읽고 가르치기 위하여 성경을 연구하기 때문입니다. 그러다 보니 자신을 하나님 앞에 내어 놓고 점검 받고 양육 받는 기회가 없어지고 영성은 빈 껍데기로 요령만 늘어 건달이 되는 것입니다. 자기도 모르게 건달이 되면 자신도 불쌍하고 그에게 맡겨진 신자들도 딱한 신세가 되는 것입니다.

그래서 목사가 60만 넘으면 "우리 목사님 은퇴 안 하시나?" 하는 신자들의 무언의 압력을 느끼면서 버티기 작전을 하는 정말 불쌍한 목사가 되기 쉽습니다.

나는 여러 지방을 다녀 보면서 이와 같은 불쌍한 목사가 많다는 것을 발견하곤 합니다. 요즘 목회자의 꼴이 말이 아닙니다. 어떤 목사는 아예 조기 은퇴를 선언하고 은퇴하는 날까지 딴 소리 말라고 타협하고 버티고 있는 분들도 많습니다. 잘 들으십시오, 아직 젊다고 생각하는 목사님들. 젊어서는 인간의 젊은 에

너지로 이것저것 프로그램을 바꿔가며 밀어붙이고 뭔가 들볶아 대니까 신자들이 정신없이 따라 오지만 50이 넘어 젊은 에너지가 빠지면 신자들도 늙어버려서 서로 힘들어집니다. 그래서 60이 넘으면 은퇴를 기다리는 상황이 벌어지는 것입니다.

어떤 에너지든 에너지를 투입하면 움직임이 일어납니다. 그래서 젊어서는 젊은 혈기만 가지고도 사람들을 움직이는 것이 가능하지요. 그러나 늙어서는 무엇으로 사람을 움직이고 감동시키고 변화시킬 것입니까? 그 때는 깊은 영성에서 나오는 감화력이 있어야 합니다. 매일 아침부터 밤중까지 뛰어 다니다 늙어 힘 빠진 후 남는 게 요령뿐이라면 그 때부터는 불쌍한 목사의 모습만 남게 되는 것이지요.

영성 라이프스타일을 만들고 말씀 묵상을 생활화해서 날마다 하나님의 양육을 통한 성장과 성숙이 있어야 합니다. 목사는 적어도 은퇴하는 날까지 성장하는 모습을 지녀야 합니다. 풍성한 영성에서 나오는 감화력으로 사람들을 변화시키고 영적 부흥을 일으키는 사역이 되어야 합니다.

말씀 묵상의 원리 / 말씀 하시는 하나님

이제는 말씀 묵상을 통하여 하나님의 음성을 듣게 되는 원리를 이해하여 보도록 하겠습니다. 우선 성경을 통하여 말씀 하시는 하나님을 알게 됩니다. 하나님은 말씀 하시는 하나님 입니다.

> 1) 옛적에 선지자들로 여러 부분과 여러 모양으로 우리 조상들에게 말씀하신 하나님이 2) 이 모든 날 마지막에 아들로 우리에게 말씀 하셨으니 이 아들을 만유의 후사로 세우시고 또 저로 말미암아 모든 세계를 지으셨느니라 (히브리서 1:1-2).

여기 보면 옛적에는 선지자들을 통해 말씀하셨다고 합니다. 옛적은 어느 시대를 가리킵니까? 그렇지요. 구약시대를 가리킵니다. 구약시대에는 하나님이 선지자들을 통하여 당신의 백성들에게 말씀하셨습니다. 물론 하나님이 개인적으로 백성들에게 말씀하시는 경우도 있었겠지만 주로 선지자에게 말씀하시고 선지자가 백성들에게 전하는 방식을 통하여 말씀하신 것입니다.

그리고 이 모든 날 마지막에 아들로 말씀하셨다고 합니다. 이 모든 날 마지막은 어느 시대입니까? 구약시대의 끝 즉 신약시대

말씀 묵상이란 성경을 읽으며 그 성경 속에 계시된 하나님을 만나는 일이며 또 그분의 음성을 듣는 일이라고 하겠습니다. 이제 말씀 묵상을 이 두 차원에서 생각해 보기로 합니다. 하나님은 지금도 살아 계십니다. 그 하나님은 지금도 우리를 만나주십니다. 하나님은 지금도 우리에게 말씀 하십니다. 말씀 묵상은 단순한 논리적 지적 성경 연구라는 차원과 달리 개인적으로 주님을 만나는 일입니다. 말씀 묵상을 할 때 우리는 말씀 속에 계시된 하나님을 묵상하며 그분을 만나고 그분과 대화하는 것입니다.

입니다. 신약에 와서는 아들로 말씀 하신 것입니다. 아들이 누구입니까? 예수님을 가리킨 것이지요? 그렇습니다. 신약에는 예수께서 계시자로 오셔서 하나님을 나타내 보이시고 또 그분의 말씀으로 말씀하신다고 하셨습니다. 그래서 구약은 선지자들을 통하여 말씀하신 하나님의 말씀의 기록이고 신약은 예수님을 통하여 말씀하신 하나님 말씀의 기록입니다.

그렇다면 이제 시대마다 당시의 사람들에게 현재적으로 계시하시고 말씀하신 하나님의 말씀이 어떤 과정과 원리로 성경에 기록되었는지를 성경의 증언으로 깨달아 보도록 하지요.

> 모든 성경은 하나님의 감동으로 된 것으로 교훈과 책망과 바르게 함과 의로 교육하기에 유익하니 (디모데후서 3:16).

> 20) 먼저 알 것은 경의 모든 예언은 사사로이 풀 것이 아니니 21) 예언은 언제든지 사람의 뜻으로 낸 것이 아니요 오직 성령의 감동하심을 입은 사람들이 하나님께 받아 말한 것임이니라 (베드로후서 1:20-21).

모든 성경은 하나님의 감동으로 되었다고 말합니다. 성령의 감동하심을 입은 사람들이 하나님께 받아 말한 것이 기록되었다고 합니다. 우리는 이것을 성령의 영감이라고 부릅니다. 성령의 영감으로 말씀하시고 성령의 영감으로 기록하게 하신 것입니다. 그러고 보면 당시에는 현재적인 하나님의 말씀이 성령의 감동을 따라 그 의미를 함축하여 기록된 언어로 남기게 섭리하시고 감동하신 것이 성령님의 역사입니다.

그래서 성경은 그 시대적으로 구약이 1500년 기간에 신약이 100년 기간에 그래서 총 1600년 기간에 약 40여명의 사람들에 의하여 기록되었습니다. 그런데 그 총 주제가 하나로 연결되고 짝이 맞아 총체적으로 하나님의 계시를 이루고 있습니다. 성경은 하나님이 성령으로 구원역사를 이루면서 기록하게 하신 하나님의 계시의 말씀인 것입니다. 여기서 일단 현재적으로 선포된 언어가 무시간적인 또는 과거사적인 기록된 언어로 바뀌는 과정에서 성령께서 역사하신 것을 보고 갑시다.

그렇다면 이제 이 기록된 언어인 성경 속에서 어떻게 오늘 살아 계신 하나님의 음성을 듣는가 하는 것이 과제입니다. 성경은 이 과정도 성령께서 하시는 과정이라고 가르쳐 줍니다.

9) 기록된바 하나님이 자기를 사랑하는 자들을 위하여 예비하신 모든 것은 눈으로 보지 못하고 귀로도 듣지 못하고 사람의 마음으로도 생각지 못하였다 함과 같으니라. 10) 오직 하나님이 성령

으로 이것을 우리에게 보이셨으니 성령은 모든 것 곧 하나님의 깊은 것이라도 통달하시느니라 11) 사람의 사정을 사람의 속에 있는 영외에는 누가 알리요 이와 같이 하나님의 사정도 하나님의 영외에는 아무도 알지 못하느니라. 12) 우리가 세상의 영을 받지 아니하고 오직 하나님께로 온 영을 받았으니 이는 우리로 하여금 하나님께서 우리에게 은혜로 주신 것들을 알게 하려 하심이라 (고린도전서 2:9-12).

보혜사 곧 아버지께서 내 이름으로 보내실 성령 그가 너희에게 모든 것을 가르치시고 내가 너희에게 말한 모든 것을 생각나게 하시리라 (요한복음 14:26).

13) 그러하나 진리의 성령이 오시면 그가 너희를 모든 진리 가운데로 인도하시리니 그가 자의로 말하지 않고 오직 듣는 것을 말하시며 장래 일을 너희에게 알리시리라 14) 그가 내 영광을 나타내리니 내 것을 가지고 너희에게 알리겠음이니라 (요한복음 16:13-14).

과거에 현재적인 언어로 선포된 말씀이 기록된 언어로 성경을 이루게 하신 성령께서 이번에는 기록된 언어를 오늘의 현재적 언어로 우리에게 들려주십니다.

그러므로 말씀 묵상이란 기록된 언어인 성경을 통하여 오늘 우리 각자에게 현재적 언어로 말씀해 주시는 하나님의 음성을 듣는 작업이라고 정의할 수 있겠습니다. 그래서 말씀 묵상은 단순한 성경 연구의 지적 작업이 아니라 주님의 음성을 듣는 영적 작업입니다. 그래서 말씀 묵상은 성령 안에서 이루어지는 주님과의 교제입니다. 성경을 통하여 말씀 하시는 오늘 살아계신 하나님을 만나는 일입니다.

이는 옛날 전화선으로 컴퓨터를 연결하여 통신하던 때를 생각하면 이해가 빠를 것입니다. 컴퓨터 언어는 디지털 언어 입니다. 전화선이 수용하는 언어는 아날로그 언어입니다. 그래서 호스트 컴퓨터에서 전화선으로 언어를 보내려면 모뎀이 있어서 디지털 신호를 아날로그 신호로 바꾸어 줍니다. 그런데 개인 컴퓨터도 역시 디지털 신호이니까 전화선을 타고 온 아날로그 신호를 알아내지 못합니다.

그래서 여기서도 모뎀이 이번에는 아날로그 신호를 디지털 신호로 바꾸어 줍니다. 이렇게 해서 컴퓨터 통신이 이루어지는 것 같이 지난 날 하나님의 현재적 언어를 기록된 언어로 바꿀 때 역사하시는 성령님이 오늘 우리가 말씀 묵상 할 때 기록된 언어를 하나님의 현재적 언어로 우리에게 들려주시는 것입니다. 그래서 말씀 묵상은 성령님의 은혜로 오늘 살아 계신 하나님의 음성을 듣는 영적 작업인 것입니다.

주님 만나는 일

말씀 묵상이란 성경을 읽으며 그 성경 속에 계시된 하나님을 만나는 일이며 또 그분의 음성을 듣는 일이라고 하겠습니다. 이제 말씀 묵상을 이 두 차원에서 생각해 보기로 합니다. 하나님은 지금도 살아 계십니다. 그 하나님은 지금도 우리를 만나주십니다. 하나님은 지금도 우리에게 말씀 하십니다. 말씀 묵상은 단순한 논리적 지적 성경 연구라는 차원과 달리 개인적으로 주님을 만나는 일입니다. 말씀 묵상을 할 때 우리는 말씀 속에 계시된 하나님을 묵상하며 그분을 만나고 그분과 대화하는 것입니다.

좀 극적인 예를 든다면 제가 건강 문제로 요양하다가 서울신학 대학 교수로 다시 들어간 것이 1989년인데 가을 학기 시작하자 학생들 20여명을 모집하여서 훈련시켜 가지고 겨울방학에 선교훈련을 나간 적이 있습니다.

4주 동안의 선교 훈련인데 20여명을 인솔하고 건강이 여의치 못한 상태에서 의욕만 가지고 시작한 것이 대만에서 일주일, 홍

콩과 마카오에서 일주일, 태국에서 일주일 하다 보니 너무 지쳐서 밥맛을 잃고 나중에는 잠을 못자는 형편이 되었습니다.

그러한 상태에서 방글라데시에 들어갔습니다. 선교사님 댁에서 모두 끼어 자는데 나는 새벽 2시까지 잠을 이루지 못하다가 겨우 잠들었는데 다시 깨어 보니 새벽 4시였습니다. 겨우 두 시간 자고는 더 자지 못하여 몸부림치다가 엎드려 속으로 소리 내어 기도하고는 혼자 일어나 선교사님 댁 부엌으로 나와 말씀을 묵상하기 시작하였습니다.

그날 본문은 큐티 자료에 따라 다니엘서 10장이었습니다. 거기에는 다니엘이 하나님의 환상을 보고 기절하여 힘이 다 빠진 상태인데 인자 같은 이가 와서 어루만지며 힘을 주어 일으키는 내용이 있었습니다. 이 말씀을 읽고 나는 주님을 묵상하였습니다. 힘없는 자를 찾아오시는 주님, 어루만지시는 주님, 그리고 힘주시는 주님을 만나려고 묵상하였습니다. 그리고는 그 주님께 기도하였습니다.

"주님 힘없는 자를 찾아오시는 주님 내가 지금 경우는 다르지만 지치고 힘이 다 빠졌습니다. 내게 찾아오신 주님 감사합니다. 어루만지시는 주님, 나를 어루만져 주시옵소서. 나에게 힘을 주어 일켜 주시옵소서. 내가 다시 본문을 읽을 때에 말씀대로 내게 임하시고 행하시옵소서."

이렇게 기도하면서 본문을 소리 내어 다시 읽어나갔습니다. 그러나 다 읽으며 사모하여도 아무 일도 일어나지 않았습니다. 나는 다시 기도하였습니다.

"주님이 오늘은 나에게 어루만지시는 주님으로 오셨습니다. 힘을 주시는 주님으로 오셨습니다. 나를 어루만지시고 힘을 주시옵소서."

나는 본문을 다시 읽으며 주님이 어루만지시기를 기대하였습니다. 그러나 아무 일도 일어나지 않았습니다. 나는 다시 기도하였습니다.

"주님! 주님이 오늘 저에게 어루만지시고 힘을 주시는 자로 오셨고 나는 이제 야곱이 되렵니다. 주님이 나를 어루만져 힘을 주시기 전에는 저는 주님을 보내 드리지 않겠습니다."

그러나 이번에도 아무 일도 일어나지 않았습니다. 그때 영어 성경으로 읽고 싶다는 생각이 들었습니다. 그래서 다시 기도하고는 영어로 본문을 읽어 나갔습니다. 우리말로는 "강건하여라. 강건하여라."라고만 번역되었던 말씀이 NIV성경에는 Be strong. Be strong, now로 번역 되어 있어 여기 Now, 즉 지금이라는 말이 있습니다. 그 순간 "그래! Now, 지금이다 주님이 지금 강건하라 하신다. 할렐루야." 나는 소리쳤습니다.

그때 주님의 에너지가 내게 임하는 것을 느꼈습니다. 그리고는 아침부터 밥맛이 돌아 아침을 잘 먹고 힘을 얻어 나머지 일정을 거뜬히 감당하고 돌아 왔습니다.

성경 속에 계시된 하나님을 묵상하며 만나는 축복을 누리는 것이 말씀 묵상입니다. 하나님은 때로는 책망하시는 분으로도 오시지만 대부분 격려하시는 주님으로 오십니다.

너희는 여호와를 만날만한 때에 찾으라. 가까이 계실 때에 그를 부르라 (이사야 55:6).

여호와와 그 능력을 구할지어다. 그 얼굴을 항상 구할지어다 (시편 105:4).

주님 음성 듣는 일

두 번째는 그 주님이 나 자신에게 말씀하시는 음성을 듣는 일입니다. 주님께서는 우리가 성경을 읽고 주님의 음성을 듣고자 하여 묵상하며 기도하면 성경에 계시된 진리를 통하여 오늘에 적용하고 살아가도록 말씀하십니다. 성령님께서 생각나게 하시고 영감을 주시므로 주님의 뜻을 알고 적용하여 살도록 말씀하시는 것입니다. 그 음성에 귀를 기울이며 듣고 순종하여 살아가는 것이 말씀 묵상의 과정입니다.

이 과정에서 다섯 손가락을 사용하여 초보자들에게 가르치는 게 있습니다. 하지만 이는 단지 참고일 뿐입니다.

첫째 엄지손가락을 치켜들며 "최고야"라고 칭찬하지요. 그래서 칭찬할 만한 본보기를 찾아보며 어떻게 살라 하시는지를 들어 봅니다. 성경에는 많은 믿음의 사람들이 본보기를 보여 주었습니다. 본받을 것 본받고, 본받지 말아야 할 것은 버려야 합니다. 성령께서 하시는 일은 이 본보기를 구체적으로 적용하도록 말씀 하시는 것입니다.

제가 훈련원을 시작할 때는 생활비도 없는 상황이라서 사람들 만나면 좀 도와 달라는 말을 하곤 했습니다. 그런데 사람들의 반응은 먹고 살 일 없으니 별것 다 만들어 가지고 후원해 달라고 한다는 식의 반응이었습니다. 그러던 어느 날 요한복음 2장을 묵상하게 되었습니다. 특히 24-25절 말씀을 묵상하며 무엇을 말씀 하시려 하는가 여쭙고 묵상했습니다.

24) 예수는 그 몸을 저희에게 의탁지 아니하셨으니 이는 친히 모든 사람을 아심이요 25) 또 친히 사람의 속에 있는 것을 아시므로 사람에 대하여 아무의 증거도 받으실 필요가 없음이니라 (요한복음 2:24-25).

예수께서 사람을 아시는 고로 사람을 의탁하지 아니했다는 말씀인데 주께서 이 말씀을 통하여 제게 주시고 싶은 말씀이 무엇인가를 여쭙고 기도할 때 "너도 주 예수를 본받으라. 사람을 의지하지 말라." 하셨습니다. "주님, 지금 나로서는 사람을 의지하는 것은 무엇이고 사람을 의지하지 말라는 것은 구체적으로 무엇을 의미합니까?" "네가 사람들에게 후원해 달라고 말하지 않느냐? 이제 이후로는 사람들에게 후원해 달라 하지 말고 나에게 달라 하라."

그리하여서 지난 15년 동안 한번도 도와 달라는 말을 안했다는 장담은 못합니다. 가끔 실수로 후원을 요청하는 것을 저 스스로 깨닫고 회개하기도 하였습니다. 그러나 분명한 사실은 사람에게 후원해 달라고 찾아다니지 않았다는 것입니다.

사람들을 만나도 내 입으로는 후원해 달라는 말을 하지 않기로 하고 주님께 기도하며 주님 주시는 만큼 받고 일했습니다. 주님이 필요를 공급하시고 훈련원을 이루어 가시는 것을 보게 되었습니다. 물론 또 다른 프로젝트를 위하여서는 모금하라 하실 수도 있을 것입니다.

그러나 그 당시 후원금 모금은 주의 종을 측은해 보이게 하는 것이었기에 금지하시고 나의 믿음을 키우신 것으로 이해됩니다. 결국 저는 예수님을 본받아 사람에게 의탁하지 않기로 결심하고 그대로 행한 것이지요.

둘째 검지, 검지는 지시하는 손가락이지요. 그리로는 가지 마라. 이리로 가라 또는 저리로 가라. 이렇게 해라 저렇게 하지 마라. 성경말씀 속에서 지시나 명령의 말씀에 주목하고 묵상하며 무엇을 하고 무엇을 하지 말라 하시는지 들어 봅니다. 제가 바나바훈련원을 시작하고 공장 하나를 매입하게 되었고 수리해야하는 상황에 있을 때 일입니다. 수리를 할 수 있게 해달라고 기도하기를 시작했습니다. 그러던 어느 날 아침 말씀을 묵상하고 있었습니다.

너희 소유를 팔아 구제하여 낡아지지 아니하는 주머니를 만들라 곧 하늘에 둔 바 다함이 없는 보물이니 거기는 도적도 가까이하는 일이 없고 좀도 먹는 일이 없느니라 (누가복음 12:33).

이 말씀이 포함된 본문이었습니다.

"내가 무엇으로 누구를 구제합니까?"

주님께 여쭙고 묵상하는데 나누어 주라는 지시의 음성이 들렸습니다.

"네 후원 통장에 있는 것을 모두 털어 어려운 자들에게 나누어 주라."

"주님 우리 공장건물 수리하려면 많은 돈이 필요합니다. 얼마나 있는지 나도 모르지만 모두 털어 나누어 주면 어찌 합니까?"

"그러면 네가 공장 수리 해 볼래?"

"아니요. 주님 해 주셔야지요."

"그렇다면 다 나누어 주렴. 그리하면 낡아지지 아니하는 주머니를 경험하리라."

"그렇지만 후원통장의 돈은 제 임의로 쓰는 것이 아니고 후원회에서 관리하는데요?"

"후원회 실행위원회에 그렇게 말하렴. 내가 다 나누어 주라 한다고."

"그럼 이 말씀을 후원회 실행위원회에 전하는 것으로 나는 순종하는 것입니다. 나누어 주게 하고 안하고는 그들의 결정에 있습니다."

"그래라. 너의 순종은 그들에게 내 뜻을 전하는 것이고 그들이 정해주면 실행을 해라."

참 이상한 명령이었습니다. 돈을 더 모아야하는 때에 나누어 주라 하시니 참 역설이로구나 생각하면서 순종하기로 결심했습니다. 후원회 실행위원회가 모이게 되었습니다. 다 나누어 주라 하시는 주님의 뜻을 전했습니다. 위원들이 껄껄대며 웃었습니다.

"아니 하나님이 명하시면 무조건 '예!' 해야지 이를 어떻게 토론합니까? 순종해야지요." 그래서 다 나누어 구제하기로 했습니다. 통장에는 3백만 원이 들어 있었습니다. 그날 밤 기도실에서 나는 기도했습니다. "주님 누구에게 나누어 줄까요?"

몇 사람 생각나게 하셨습니다. 첫째는 우리 마을 노인회 회장이 생각났습니다.

마을 노인정을 새로 짓는데 돈이 모자라 모금하는 중이라며 은근히 도와주기를 바라던 모습이 생각났습니다. 거기 백만 원 도와야겠다는 생각이 들었습니다.

그리고 강원도 원통에서 교회를 개척하는 목사가 생각나며 거기 백만 원 보내 격려해야겠다는 감동이 왔습니다. 하나는 포항에서 개척교회를 하는데 건물을 새로 짓고 빚을 갚지 못하여 어려움을 당하는 후배 목사 생각이 나며 거기 격려금을 보내도록 감동이 왔습니다. 나는 감동이 온 대로 지출하여 보냈습니다. 이렇게 후원통장을 비웠습니다. 어떻게 수리가 진행될 것인가 자못 궁금했습니다.

며칠 후 유목사가 대전에서 건축업을 하시는 한 장로님을 모시고 들어왔습니다. 장로님이 들어와 보시더니

"수리비가 5천만 원은 들겠군요. 그런데 뭐 현금 하나도 없이 후원금 들어와야 한다면서요? 참 나 원 돈 벌 등걸은 아니구먼."

소탈한 웃음을 웃으며 툭툭 던지는 스타일로 말하면서 "제가 외상으로 수리해 드리겠습니다. 하지만 공짜는 아닙니다. 공사비를 주시기는 주셔야 합니다. 외상입니다. 그리고 공사를 재촉하지 마십시오. 우리 일꾼들 다른 공사 하면서 비는 틈틈이 공사하게 할 것이니 재촉하지 마시고 그 대신 나도 공사비 달라고 재촉 안할 테니 모금 되는 대로 갚아 주세요."

이렇게 하여 수리공사가 시작되었습니다. 그러나 대신 공사기간이 오래 걸렸습니다. 역시 공사 대금 갚는 일도 재촉이 없으니 후원금 들어오는 대로 지불하는 것입니다. 수리공사가 진행되어 낡은 지붕조차 걷어 내자 난리가 났습니다. 이제야 동네 사람들이 우리가 들어와 수리 공사를 시작한 것을 알더니 예상 밖으로 민감한 반응을 보이면서 여기 아무도 들어와 살지 못한

다는 것입니다. 누가 여기 공사를 허락했느냐며 못하게 난리였습니다. 우리는 수리공사 허가는 받아 놓고 시작하긴 했었습니다. 그러나 동네 사람들이 일어나 '수리공사 불가'라는 서명운동을 벌이고 있다는 것이었습니다. 군에서 먼저 알고 우리에게 귀띔 해주며 잘 다독거려 민원 신청이 군에 들어오지 않게 하라는 것이었습니다. 경찰서에서 벌써 알고 우리에게 와서 시골 사람들 떼쓰면 골치 아프니 잘 달래 사전에 해결하라고 코치했습니다.

그런데 이 시골 사람들 정말 말이 안 통했습니다. 막무가내인 것입니다. 알고 보니 이전 그 공장이 폐수를 흘러내리게 하여 동네 사람들 기르던 돼지가 폐사된 적이 있어 마을에서 공장 못 하도록 쫓아 냈고 그 공장 바로 밑에 그들의 식수로 쓰는 집수장도 있었습니다. 그래서 그동안 아무도 그곳에 못 들어오게 하여 공장이 폐쇄된 이래 방치되고 있었다는 것입니다.

우리는 공장 하는 것이 아니고 하수구를 집수장 멀리 돌려 관을 묻겠다고 말해도 막무가내로 대화가 안 되었습니다. 공사는 중단되었습니다. 난감했습니다. 설득하는 일을 포기하고 기도실에 들어갔습니다. 주님께 이 문제를 말씀드리며 지혜와 해결을 구했습니다. 주께서 가르쳐 주셨습니다.

"그래 내가 미리 노인 회장에게 노인정 짓는 일을 위해 현금을 나누어 주게 하지 않았더냐? 노인 회장을 대화의 통로로 삼으라."

나는 노인 회장에게 전화를 걸어 이 사실을 상의했습니다. 백만 원의 위력은 컸습니다. 나의 선한 기부를 받은 노인 회장은 나에 대하여 좋은 인상을 가지고 있었고 내 일을 도울 마음이 있었습니다. 그가 나가더니 젊은(젊은이라야 50대이지만 노인 회장보다는 젊은) 사람들 야단쳐서 서명운동을 정지케 하고 우리는 공사를 재개하게 되었습니다.

시골에서는 나이 많은 어른의 말을 존중하는 풍토가 남아 있었던 것입니다. 좀 황당한 것 같은 명령이지만 주님의 지시를 따른 것이 얼마나 잘 한 일인가를 실감하게 하는 시간이었습니다. 성경에는 많은 명령과 지시의 말씀이 있고 그 말씀들을 어떻게 적용하고 살지를 묵상하고 여쭙는 일은 우리의 삶과 사역에 너무나 중요한 일입니다.

셋째 중지, 검지를 펴고 남을 향하여 비방하면 가장 큰 손가락인 중지는 자신을 가리키면서 '너는 더 큰 죄인이야' 라고 말해 주는 것 같지요. 그래서 중지를 생각하면서는 성경을 거울삼아 자신의 허물을 살피는 계기를 삼습니다. 회개해야 할 것이 없는지 잘못 가고 있는 것이 없는지 자신을 말씀의 거울 앞에 세우고 살피는 것이 말씀 묵상의 중요한 부분입니다. 한번은 레위기 19장을 묵상하고 있었습니다. '거룩하라' 말씀 하시면서 도적질 하지 말라는 말씀도 나옵니다.

> 너는 이스라엘 자손의 온 회중에게 고하여 이르라 너희는 거룩하라 나 여호와 너희 하나님이 거룩함이니라. (레위기 19:2).

> 너희는 도적질하지 말며 속이지 말며 서로 거짓말하지 말며 (레위기 19:11).

"하나님 오늘 거룩하라 하시는데 저에게 있어서 거룩은 무엇을 의미합니까?"
라고 여쭈면서 묵상하고 있었습니다. 그리고 "내가 무엇 도적질한 것이 있습니까?"라고 또 여쭈면서 기도하고 묵상하게 되었습니다. 저는 묵상 일기를 컴퓨터에 바로 쓰고 있었는데 성령께서 이렇게 말씀하셨습니다.

"네 컴퓨터 속에는 도적질한 것이 많이 들어 있다. 오늘 너에게 있어서 거룩은 이 도적질한 소프트웨어들을 씻어 내고 정품으로 값을 지불하고 바꾸어 넣는 것이다."

우리 한국 문화에서는 프로그램 복사해서 쓰는 것이 다반사
라서 으레 그렇게 했었습니다. 그러나 하나님의 사람은 구별되
어야 하고 거룩해야 한다고 하시면서 그것을 책망하시는 것이
었습니다. 그래서 그날로부터 프로그램 하나하나 정품으로 바
꾸어 넣고 정품 쓰기 운동도 하게 되었습니다.

넷째 애지, 네 번째 손가락은 보통 약혼반지 결혼반지를 끼
우는 일이 많지요. 그래서 언약을 상징하는 손가락이므로 그것
을 기억하면서 성경 속에서 나에게 주시는 약속의 음성을 듣습
니다. 이것은 믿음이 되고 축복이 되지요. 한번은 시편 2편을 묵
상하고 있었습니다. 특히 8절 말씀을 읽고 묵상하였지요.

내게 구하라 내가 열방을 유업으로 주리니 네 소유가 땅 끝까지 이
르리로다 (시편 2:8).

이 말씀은 물론 예수님을 가리켜 하시는 예언의 말씀이었지
만 그날 나에게는 나에게 주시는 음성으로 들려 왔습니다. 하나
님께 기도하면 열방이라도 기업으로 주리라고 하시는 것이 아
닙니까? 그래서 그날로 나는 기도하기 시작하였습니다. 열방을

내게 주시고 땅 끝까지 이르는 사역을 하게 해 달라고 말입니다. 그런데 갈수록 열방이 나를 부르고 세계 각처에서 저를 부릅니다. 저는 이제 해마다 여러 차례 해외 사역을 나가게 되었습니다.

다섯째 약지, 다섯째 손가락은 다양하게 쓰입니다. 약을 젓기도 하고 귀를 후비기도 합니다. 그래서 마지막으로 남은 진리가 또 있는지 살펴보는 기회로 삼습니다. 처음에 이런 식으로 생각하다 보면 묵상이 훈련 되고 나중에는 이런 손가락 비유도 없이 주님과 대화가 이루어지는 것이지요. 주님을 만나서 주님의 음성을 들어 보고 따르려는 것이 묵상입니다. 주님은 들으라 하십니다. 듣는 것이 말씀 묵상입니다.

너희는 귀를 기울여 내 목소리를 들으라. 자세히 내 말을 들으라. (이사야 28:23).

너희는 귀를 기울이고 내게 나아와 들으라. 그리하면 너희 영혼이 살리라 (이사야 55:3).

마리아 라이프스타일

"당신은 마리아 입니까? 마르다 입니까?"라고 물으면 대부분 이곳에 오시는 분들이 목사님들이니까 "마리아도 아니고 마르다도 아니고 나사로입니다."라고 대답들 하시더군요. 오늘 마리아와 마르다를 대비시켜서 이루려는 것은 우리가 어떤 라이프스타일을 가지고 영성 생활을 하느냐의 중요성을 인식하고 라이프스타일을 바로 잡고자 하는 것입니다. 여기 본문 말씀을 주목해 보십시오. 예수님은 이따금 베다니의 나사로의 집에 들르곤 하셨던 것 같습니다. 그런데 마르다와 마리아 자매의 모습이 매우 대조적으로 나타나는 것을 봅니다.

38) 저희가 길 갈 때에 예수께서 한 촌에 들어가시매 마르다라 이름하는 한 여자가 자기 집으로 영접하더니. 39) 그에게 마리아라 하는 동생이 있어 주의 발아래 앉아 그의 말씀을 듣더니 40) 마르다는 준비하는 일이 많아 마음이 분주한지라 예수께 나아가 가로되 주여 내 동생이 나 혼자 일하게 두는 것을 생각지 아니하시나이까 저를 명하사 나를 도와주라 하소서 41) 주께서 대답하여 가라사대 마르다야 마르다야 네가 많은 일로 염려하고 근심하나 42) 그러나 몇 가지만 하든지 혹 한가지만이라도 족하니라 마리아는 이 좋은 편을 택하였으니 빼앗기지 아니하리라 하시니라 (누가복음 10:38-42).

일에 분주한 마르다 / 말씀 듣는 마리아

마르다는 무엇으로 분주하였습니까? "마르다는 준비하는 일이 많아 마음이 분주한지라"라고 기록하고 있습니다. 무엇을 준비하느라고 분주하였습니까? 예수님을 대접하기 위한 음식준비로 분주하였습니다. 마르다는 예수님을 잘 대접하고 싶었습니다. 정성을 다하여 음식을 준비하느라고 분주하였습니다. 예수님을 생각하는 마음이 간절했고 대접하려는 그 사랑은 나무랄 데 없습니다. 귀한 일을 하고 있는 것이지요.

그런데 마리아는 무엇을 하고 있었습니까? 마리아는 방에 앉아 있었습니다. "주의 발아래 앉아 그의 말씀을 듣더니"라고 기록합니다. 마리아는 같은 여자로서 마르다와 자매였으나 부엌에 나가 음식 만드는 일을 돕지 않고 주님의 발아래 앉아서 예수님의 말씀을 듣는 데 열중하고 있었습니다.

참 대조적이지요. 자매로서 하나는 예수님 대접할 음식을 만드는 데 열중하여 분주하였고 하나는 예수님의 말씀을 듣느라고 부엌에 나가지도 않고 있었습니다. 중요한 것은 이 중에 어느 편이 더 귀한 것이고 예수님에게 기쁨을 드리는 것인가 하는 점입니다.

예수님은 어느 편을 소중히 여기셨습니까? 마르다가 혼자 바쁘게 일하다가 마리아는 나와 보지도 않고 앉아서 예수님 말씀 듣고 있는 것을 보고는 마리아를 내보내 달라고 하였습니다. 그때 예수님의 대답은 의외였습니다.

"마르다야 네가 많은 일로 염려하고 근심하나 그러나 몇 가지만 하든지 혹 한 가지만이라도 족하니라. 마리아는 이 좋은 편을 택하였으니 빼앗기지 아니하리라"

고 하셨습니다. 여러분, 예수님에게 누가 더 좋은 편을 택하였습니까? 물론 예수님에게 음식을 대접하는 마르다도 좋은 일입니다. 그러나 예수님의 말씀을 경청하는 마리아는 더 좋은 일이라는 것입니다. 예수님에게는 예수님 대접하려고 애쓰는 마르다보다 예수님의 말씀에 귀 기울이는 마리아가 더욱 귀했습니다.

여러분은 어떻습니까? 명절 때마다 사과니 배니 상자로 가지고 와 대접하는 신자가 참 귀하고 사랑스럽지요? 그러나 그보다 사랑스러운 신자는 누구입니까? 여러분의 가르침을 아멘으로 받으면서 은혜 받고 말씀대로 살아가는 신자가 더 소중하고 사랑스럽지 않던가요? 저의 경우는 그랬습니다.

내게 명절 때 사과 상자라도 가져오는 제자가 있으면 매우 좋지요. 그러나 더 귀한 제자가 있습니다. 내가 가르쳐 주는 진리들을 잘 듣고 실천하여 적용하는 제자들을 보는 즐거움은 그와 비교할 수 없습니다. 물론 그렇게 잘 듣고 따르는 제자는 대접도 종종 잘 합니다만 어쨌든 잘 듣고 따르는 제자가 훨씬 귀합니다.

자, 그렇다면 여러분은 같은 하나님의 일꾼이라도 좀 더 주님을 즐겁게 해드리는 일꾼이 되어야 하지 않겠습니까? 여러분은 마르다 입니까? 아니면 마리아 입니까? 새벽부터 밤중까지 주님의 일을 하려고 뛰어 다니는 스타일입니까? 주님의 뜻을 헤아려 보고 주님의 음성에 귀 기울이고 묵상하며 기도하는 스타일입니까?

여러분은 어느 쪽 경향입니까? 물론 경건한 영성이냐 분주한 사역이냐 하고 지나치게 이분법적으로 생각하기 어려운 면은 있습니다. 그러나 어느 쪽 경향이냐 어느 쪽 라이프스타일이냐 하는 것은 중요하다고 봅니다. 물론 우리가 일도 열심히 해야 합니다. 그러나 주님의 음성에 귀 기울이는 경건의 연습은 더 중요하다는 것이지요.

여러분은 마르다 입니까? 아니면 마리아 입니까? 새벽부터 밤중까지 주님의 일을 하려고 뛰어 다니는 스타일입니까? 주님의 뜻을 헤아려 보고 주님의 음성에 귀 기울이고 묵상하며 기도하는 스타일입니까?

여러분은 어느 쪽 경향입니까? 물론 경건한 영성이냐 분주한 사역이냐 하고 지나치게 이분법적으로 생각하기 어려운 면은 있습니다. 그러나 어느 쪽 경향이냐 어느 쪽 라이프스타일이냐 하는 것은 중요하다고 봅니다. 물론 우리가 일도 열심히 해야 합니다. 그러나 주님의 음성에 귀 기울이는 경건의 연습은 더 중요하다는 것이지요.

아직도 음식이냐? / 향유옥합이냐?

자 그러면 왜 마리아 라이프스타일이 그렇게 중요한 것인지 좀 더 살펴보기로 합시다. 요한복음 12장에서 다시 마르다와 마리아를 보도록 하겠습니다.

1) 유월절 엿새 전에 예수께서 베다니에 이르시니 이곳은 예수께서 죽은 자 가운데서 살리신 나사로의 있는 곳이라 2) 거기서 예수를 위하여 잔치할새 마르다는 일을 보고 나사로는 예수와 함께 앉은 자 중에 있더라 3) 마리아는 지극히 비싼 향유 곧 순전한 나드 한 근을 가져다가 예수의 발에 붓고 자기 머리털로 그의 발을 씻으니 향유 냄새가 집에 가득하더라 4) 제자 중 하나로서 예수를 잡아 줄 가룻 유다가 말하되 5) 이 향유를 어찌하여 삼백 데나리온에 팔아 가난한 자들에게 주지 아니하였느냐 하니 6) 이렇게 말함은 가난한 자들을 생각함이 아니요 저는 도적이라 돈 궤를 맡고 거기 넣는 것을 훔쳐 감이러라. 7) 예수께서 가라사대 저를 가만 두어 나의 장사 할 날을 위하여 이를 두게 하라 8) 가난한 자들은 항상 너희와 함께 있거니와 나는 항상 있지 아니하리라 하시니라 (요한복음 12:1-8).

예수님이 십자가를 지시기 전에 다시 베다니에 들렀습니다.

거기서 예수님을 위하여 잔치까지 열었다고 기록합니다. 그런데 성경 이야기는 여전히 마르다와 마리아의 대조적인 모습을 기술해 줌으로써 우리의 흥미를 끕니다.

마르다는 무엇을 하고 있었습니까? "마르다는 일을 보고"라고 기록 됩니다. 마르다는 초기에도 예수님 대접하는 일을 하는데 분주하였는데 지금 예수님 생애 마지막 부분에서도 여전히 일을 보느라고 분주한 모습을 보입니다. 그것이 마르다의 라이프스타일이었던 것 같습니다.

열심히 일한다는 것 자체가 잘못이거나 죄라고 할 수는 없겠지요. 그러나 마리아와 대조해 보면 깨닫는 것이 있게 됩니다. 그러면 마리아는 무엇을 하였습니까? "마리아는 지극히 비싼 향유 곧 순전한 나드 한 근을 가져다가 예수의 발에 붓고 자기 머리털로 그의 발을 씻으니"라고 기록되어 있습니다.

마리아가 한 일이 무엇입니까? 값 비싼 향유를 예수님이 몸에 붓고 마사지를 하고 있는 셈입니다. 마리아가 한 일이 무엇입니까? 그것은 예수님의 죽음을 미리 보고 장례를 준비하는 행위였습니다. 마리아는 예수께서 십자가를 지고 돌아가실 것을 예감하고 장례를 준비하는 향유를 몸에 붓고 있는 것입니다.

옛날 유대인은 장례를 위하여 향유를 뿌리는 습관이 있었습니다. 아직 죽지는 아니하였지만 마리아로서는 더 이상 예수님에게 접근하지 못할지도 모른다는 생각을 한 것 같습니다. 그래서 그녀는 미리 장례를 위하여 향유를 붓고 있는 것입니다.

여기서 마르다와 마리아가 얼마나 차원이 다른가를 보여 줍니다. 마르다는 아무것도 모릅니다. 예수님이 십자가를 지고 간다는 사실도 모릅니다. 그저 늘 하던 대로 음식이나 장만하며 대접하는 것으로 분주합니다.

그러나 마리아는 다릅니다. 마리아는 예수님의 십자가를 알고 있습니다. 때의 심각성을 압니다. 그리고 예수님의 마음을 알아차립니다. 그리고는 미리 장례를 준비하는 눈물의 깊이를 보입니다.

여러분, 이 상황에서 누가 더 바람직한 모습을 하고 있습니까? 누가 정황에 적중하는 행위를 하고 있습니까? 주를 위한 것이라고 분주하게 뛰어 다니기만 하면서 마르다처럼 예수님의 정황을 알지 못하고 막무가내로 충성하려는 어리석음에 빠져 있는 것은 아닐까요?

채필근 목사님이 편집해 놓은 이야기 철학이란 책에 보면 이런 이야기가 있습니다. 옛날 한 고을 원님이 자기가 데리고 있는 어린 몸종을 불러 심부름을 시키기로 하였습니다.

"얘 동자야 너 오늘 건너 마을에 살고 계신 최 진사 댁엘 좀 다녀와야 되겠다."

"네. 잘 알았습니다."

원님이 최 진사 댁에 보낼 서찰과 물건을 가지고 나와 보니 동자가 없어졌습니다. 매우 불쾌했지만 하는 수 없이 분을 삭이고 있었습니다. 한참 후에야 동자가 씩씩거리며 땀을 흘리며 대문을 차고 들어왔습니다. 원님이 엄한 소리로 꾸중합니다.

"네, 이놈! 아침에 널 불러 최 진사 댁엘 다녀와야 한다고 일렀거늘 어딜 갔다 이제 오는 거냐? 이놈!"

"네 방금 최 진사 댁엘 다녀오는 중입니다."

"최 진사 댁엘 왜?"

"어르신께서 다녀오라고 하시지 않으셨습니까?"

여러분, 왜 최 진사 댁엘 다녀오는 것입니까? 다녀오라 하니까 다녀온다고요? 우리가 이런 식의 충성을 하면서 새벽부터 밤중까지 뛰어 다닌들 무슨 소용이 있겠습니까? 주님의 뜻을 헤아리고 충성해야 하지요. 여러분, 마르다의 충성과 사랑은 좀 안타까운 충성 아닙니까? 상황에 맞추지 못하는, 주님의 마음을 맞추지 못하는 그런 충성 말입니다.

온 천하에 기념할 만한 행위

여기 마가복음에서 마리아의 한 일에 대한 예수님의 평가를 주목해 보십시오.

3) 예수께서 베다니 문둥이 시몬의 집에서 식사하실 때에 한 여자가 매우 값진 향유 곧 순전한 나드 한 옥합을 가지고 와서 그 옥합을 깨뜨리고 예수의 머리에 부으니 4) 어떤 사람들이 분내어 서로 말하되 무슨 의사로 이 향유를 허비하였는가 5) 이 향유를 삼백 데나리온 이상에 팔아 가난한 자들에게 줄 수 있었겠도다 하며 그 여자를 책망하는지라 6) 예수께서 가라사대 가만 두어라 너희가 어찌하여 저를 괴롭게 하느냐 저가 내게 좋은 일을 하였느니라. 7) 가난한 자들은 항상 너희와 함께 있으니 아무 때라도 원하는 대로 도울 수 있거니와 나는 너희와 항상 함께 있지 아니하리라 8) 저가 힘을 다하여 내 몸에 향유를 부어 내 장사를 미리 준비하였느니라 9) 내가 진실로 너희에게 이르노니 온 천하에 어디서든지 복음이 전파되는 곳에는 이 여자의 행한 일도 말하여 저를 기념하리라 하시니라 (마가복음 14:3-9).

마리아가 행한 이 장례 준비로서의 향유를 붓던 행위는 온 천하 어디든지 복음이 전파되는 곳마다 말하여져 기념될 것이라 하십니다. 이 얼마나 엄청난 말씀입니까? 우리가 어떤 일을 하면 주님이 감격하여서 우리가 한 일을 온 천하에 말하여 기념하라고 하시겠습니까? 5천 평짜리 예배당을 헌당하면 그리하시겠습니까? 성도의 수가 10만 규모가 되는 교회를 세우면 그리하시겠습니까? 선교사를 1000명쯤 보내면 그리하시겠습니까?

마리아의 행위가 복음이 전파되는 곳마다 기념될 만한 이유가 무엇이겠습니까? 300 데나리온의 향유를, 즉 값 비싼 향유를 아낌없이 바쳤다는 것 때문입니까? 1데나리온이 근로자 하루 품삯쯤 된다니까 근로자 1년 벌이를 한 순간에 바치는 그러한 마음 자체만도 칭찬할 만합니다. 그러면 만약 우리가 10억, 100억 정도를 주를 위해 헌금하면 주님께서 감격하여 천하에 기념하라 하시겠습니까?

단순히 값 비싼 향유를 부었다는 것이 큰 의미가 아닙니다. 이 큰 의미를 이해하기 위하여 대답을 미루어 두고 다른 성경 구절을 좀 생각해 봅시다.

예수께서 제자들에게 당신의 죽음과 부활을 말씀하시는 장면들을 살펴보도록 하지요.

31) 인자가 많은 고난을 받고 장로들과 대제사장들과 서기관들에게 버린바 되어 죽임을 당하고 사흘 만에 살아나야 할 것을 비로소

저희에게 가르치시되 32) 드러내 놓고 이 말씀을 하시니 베드로가 예수를 붙들고 간하매 33) 예수께서 돌이키사 제자들을 보시며 베드로를 꾸짖어 가라사대 사단아 내 뒤로 물러가라 네가 하나님의 일을 생각지 아니하고 도리어 사람의 일을 생각하는도다 하시고 34) 무리와 제자들을 불러 이르시되 아무든지 나를 따라 오려거든 자기를 부인하고 자기 십자가를 지고 나를 좇을 것이니라. 35) 누구든지 제 목숨을 구원코자 하면 잃을 것이요 누구든지 나와 복음을 위하여 제 목숨을 잃으면 구원하리라 36) 사람이 만일 온 천하를 얻고도 제 목숨을 잃으면 무엇이 유익하리요 37) 사람이 무엇을 주고 제 목숨을 바꾸겠느냐 38) 누구든지 이 음란하고 죄 많은 세대에서 나와 내 말을 부끄러워하면 인자도 아버지의 영광으로 거룩한 천사들과 함께 올 때에 그 사람을 부끄러워하리라 (마가복음 8:31-38).

예수께서 마침내 공개적으로 당신의 열두 제자에게 십자가를 예고하고 죽으실 것을 말씀하셨습니다. 예수님의 십자가 예고를 들은 제자들의 반응은 어떠했습니까? 제자 중 맏형 격인 베드로가 십자가를 지지 말라고 간한 것으로 보입니다.

그러자 예수님이 베드로에게 하나님의 일을 생각지 아니하고 사람의 일만 생각한다고 꾸짖으셨습니다. 예수님처럼 땅에 떨어져 죽는 하나의 밀알로 살아가야 할 것을 가르치십니다. 제자들은 예수님의 십자가를 아직 이해하지 못합니다. 얼마간의 시간이 흐른 후 예수님은 다시 제자들에게 당신의 죽음을 예고하시고 가르치십니다.

> 30) 그곳을 떠나 갈릴리 가운데로 지날새 예수께서 아무에게도 알리고자 아니하시니 31) 이는 제자들을 가르치시며 또 인자가 사람들의 손에 넘기워 죽임을 당하고 죽은지 삼 일만에 살아나리라는 것을 말씀하시는 연고더라 32) 그러나 제자들은 이 말씀을 깨닫지 못하고 묻기도 무서워하더라. 33) 가버나움에 이르러 집에 계실째 제자들에게 물으시되 너희가 노중에서 서로 토론한 것이 무엇이냐 하시되 34) 저희가 잠잠하니 이는 노중에서 서로 누가 크냐 하고 쟁론하였음이라 35) 예수께서 앉으사 열 두 제자를 불러서 이르시되 아무든지 첫째가 되고자 하면 뭇사람의 끝이 되며 뭇사람을 섬기는 자가 되어야 하리라 하시고 36) 어린 아이 하나를 데려다가 그들 가운데 세우시고 안으시며 제자들에게 이르시되 37) 누구든지 내 이름으로 이런 어린 아이 하나를 영접하면 곧 나를 영접함이요 누구든지 나를 영접하면 나를 영접함이 아니요 나를 보내신 이를 영접함이니라 (마가복음 9:30-37).

예수님의 제2차 십자가 예고를 듣고 난 직후 제자들은 무엇을 했습니까? 참으로 아이러니하게도 제자들이 취한 행동은 누가 크냐고 다투는 일이었습니다. 예수님은 십자가를 말씀하시고 죽음을 말씀하십니다. 물론 부활도 말씀하셨습니다. 그리고 예수님은 십자가의 도를 제자들에게 가르치시려 하셨습니다. 그런데 이러한 상황에서 제자들은 예수님의 십자가는 생각하지 않습니다. 예수님의 죽음은 의식하지 않습니다. 그 십자가 죽음의 길목에서 누가 크냐 하고 다투고 있습니다.

오늘날 교회에서 누가 크냐의 다툼이 자주 일어나는 것은 이 잘못된 제자들의 전통을 잇는 것이 아니겠습니까? 도대체 이 제자들은 어떤 사람들입니까? 스승은 계속하여 십자가의 도를 가르치려 하시는데 제자들은 무엇을 듣고 있단 말입니까?

예수님은 책망 대신 이번에도 사랑하는 마음으로 제자들을 가르치십니다. 큰 자가 되려면 오히려 작아져야 되고 섬기는 자가 되어야 한다고 제자 도를 가르치십니다. 이쯤에선 제자들이 십자가의 의미를 알아들었어야 할 것입니다. 그런데 어떻습니까? 한 번 더 보시지요. 이제 정말 십자가를 져야 할 시간이 임박한 시점에 예수님은 다시 십자가의 죽음을 말씀 하십니다.

32) 예루살렘으로 올라가는 길에 예수께서 제자들 앞에 서서 가시는데 저희가 놀라고 좇는 자들은 두려워하더라 이에 다시 열 두 제자를 데리시고 자기의 당할 일을 일러 가라사대 33) 보라 우리

가 예루살렘에 올라가노니 인자가 대제사장들과 서기관들에게 넘기우매 저희가 죽이기로 결안하고 이방인들에게 넘겨주겠고 34) 그들은 능욕하며 침 뱉으며 채찍질하고 죽일 것이니 저는 삼일만에 살아나리라 하시니라 35) 세베대의 아들 야고보와 요한이 주께 나아와 여짜오되 선생님이 여 무엇이든지 우리의 구하는 바를 우리에게 하여주시기를 원하옵나이다. 36) 이르시되 너희에게 무엇을 하여주기를 원하느냐 37) 여짜오되 주의 영광중에서 우리를 하나는 주의 우편에 하나는 좌편에 앉게 하여 주옵소서 38) 예수께서 가라사대 너희 구하는 것을 너희가 알지 못하는도다 너희가 나의 마시는 잔을 마시며 나의 받는 세례를 받을 수 있느냐 39) 저희가 말하되 할 수 있나이다 예수께서 이르시되 너희가 나의 마시는 잔을 마시며 나의 받는 세례를 받으려니와 40) 내 좌우편에 앉는 것은 나의 줄 것이 아니라 누구를 위하여 예비 되었든지 그들이 얻을 것이니라. 41) 열 제자가 듣고 야고보와 요한에 대하여 분히 여기거늘 42) 예수께서 불러다가 이르시되 이방인의 소위 집권자들이 저희를 임의로 주관하고 그 대인들이 저희에게 권세를 부리는 줄을 너희가 알거니와 43) 너희 중에는 그렇지 아니하니 너희 중에 누구든지 크고자 하는 자는 너희를 섬기는 자가 되고 44) 너희 중에 누구든지 으뜸이 되고자 하는 자는 모든 사람의 종이 되어야 하리라 45) 인자의 온 것은 섬김을 받으려 함이 아니라 도리어 섬기려 하고 자기 목숨을 많은 사람의 대속물로 주려 함이니라 (마가복음

10:32-45).

여러분, 여기 깊이 생각하는 마음으로 주목해 보십시오. 예수님이 기록상 세 번째로 십자가의 죽음과 죽음 뒤의 부활을 말씀하셨습니다. 상황은 지금 십자가의 죽음을 향해 가는 길목입니다. 그런데 이 예수님이 죽음에 대한 심각한 말씀을 하신 직후 무슨 일이 일어납니까? 야고보와 요한 형제가 예수님께 나아와서 청탁을 합니다. 주님이 영광중에 임하실 때 좌우에 앉혀 달라는 것입니다. 좌정승 우정승 시켜달라는 것입니다. 영광된 자리를 보장하여 달라는 것입니다.

여러분, 이 그림을 생각해 보세요. 선생님은 십자가의 죽음을 말씀하시는데 제자들은 영광된 자리를 보장해 달라고 청탁하고 있어요. 잘 어울리는 그림입니까? 얼마나 안 어울리는 그림입니까? 왜 이렇게 제자들은 주님의 말씀을 알아듣지 못하고 주님의 마음을 알지 못하는 것입니까?

여러분, 오늘날 명예와 영광 된 자리를 제일 좋아하는 사람들이 어떤 부류의 사람들인지 아십니까? 혹시 목회자가 아닐까요? 노회나 지방회 행사에 가면 왜 모두 강대상으로 올라가 강대상을 콩나물시루처럼 만드는 것입니까? 행사장을 하나님을 예배하는 현장이 아니고 사람이 영광 받는 장소로 만드는 까닭

이 무엇입니까? 제자들의 전통을 따라 영광된 자리를 찾는 목사들이 많다 보니 강대상에 의자는 있는 대로 다 올려놓고 말이 날만한 사람 다 올라가도록 하는 것 아닙니까?

문제는 라이프스타일

자, 이제는 마리아의 이 장례 준비의 행위가 왜 그토록 예수님을 감동시켰으며 소중한 것인지 이해가 되십니까? 3년씩이나 동거 동행한 열 두 제자들조차 예수님의 십자가를 이해하지 못하고 예수님의 마음을 알지 못하고 허영과 야망을 추구하고 있는 이 상황에서 예수님의 십자가 길에 동행한 사람은 나약한 이 여인 마리아 한 사람 뿐이었다는 것입니다.

예수님의 죽음을 내다보며 십자가의 의미를 새김질하며 사랑의 눈물로 장례를 준비하는 마리아는 예수님의 십자가 길에 정신적으로라도 동참하는 유일한 인물이었습니다. 그러기에 예수님께서 감동을 받으시고 너무 소중히 여기시어 복음이 전파되는 곳마다 기념하게 될 것이라 말씀하신 것이 아니겠습니까?

그렇다면 3년 동안 동거 동역한 제자들은 왜 예수님의 십자가를 이해하지 못하고 있을까요? 그리고 마리아는 가끔씩 예수님을 만났는데 어떻게 예수님의 십자가에 마음의 동참을 했을까요? 오늘의 초점은 이것입니다.

마리아가 평소에 주님의 말씀에 귀 기울이는 라이프스타일을 가지고 있었기 때문입니다. 진정한 사랑은 사랑하는 자의 말에 귀 기울이는 것입니다. 마리아는 귀 기울여 듣는 라이프스타일로 주님을 사랑하고 따르다 보니 한 번 운만 떼어도 주님의 마음을 알아차리게 된 것입니다. 하지만 제자들은 그렇지 않았을 것입니다.

여기서 저는 경건이란 듣는 것이라고 말하고 싶군요. 말씀 묵상이란 주님의 마음을 헤아리려 하며 귀 기울이는 행위라고 말하고 싶습니다. 그리고 우리의 라이프스타일이 일 중심의 라이프스타일이 되기보다는 주님과 교제하고 주님께 귀 기울이는 경건, 영성 생활이 중심이 되어야 한다는 것을 강조하고 싶습니다.

여러분은 일 중심의 마르다 입니까? 경건, 영성 중심의 마리아 입니까? 우리는 마리아 라이프스타일이 되어야 하지 않겠습니까? 그래서 우리 훈련원에서는 마리아 라이프스타일을 만드는 것을 훈련의 최대 중점으로 둡니다. 마리아 라이프스타일은 영성을 우선하는 라이프스타일입니다.

마리아 라이프스타일 만들기

첫째 매일 아침 말씀 묵상을 생활화 하십시오.

주님의 마음을 아는 가장 중요한 길은 주님의 말씀을 묵상하며 주님의 음성에 귀 기울이는 경건 즉 말씀 묵상의 연습에 있습니다. 매일 아침 하루 거루지 말고 말씀을 묵상하며 그분과 만나며 그분의 음성에 귀를 기울임으로써 그분의 뜻을 헤아리고 그분의 마음을 알아 따르는 삶의 연습 말입니다.

목회자는 아마도 새벽 기도 인도하고 기도하고 서재에 들어와서는 우선적으로 말씀을 묵상하는 것을 훈련하여 영성 생활의 바탕을 삼아야 할 것입니다. 주님의 마음을 알려 하여 묵상하는 것입니다.

여러분 이 말씀 묵상이 잘 안 지켜지거든 차라리 말씀 묵상 1천 번제를 서원하고 시작해 보십시오. 매일 아침 말씀 묵상을 최우선적으로 빠짐없이 1천일 동안 실시하기로 서원하고 지켜 나가면 더욱 잘 하게 되는 자유를 얻게 될 것입니다. 그리고 1천 번제를 성공시키고 나면 말씀 묵상이 여러분 생활의 가장 큰 부분이 되어 생활화 되고 라이프스타일로 자리 잡게 될 것입니다.

둘째, 매일 저녁 한 시간 이상 기도를 생활화 하십시오.

영성 생활에서 기도는 매우 중요합니다. 기도 없이는 성령의 은혜 가운데 살 수 없습니다. 사실 매일 아침 말씀 묵상은 그런대로 되는데 저녁마다 기도하는 일이 목사에게는 가장 어려운 일이라고 고백들을 합니다. 그러나 매일 기도하는 일이 아니고는 영적 전쟁에서 승리할 수 없고 영적 능력을 경험할 수 없습니다.

목회란 영적 사역이고 영적 사역은 성령의 영감과 성령의 능력으로 이루어지는 것인데 기도 없이는 영적 사역이 불가능합니다. 물론 한국의 목회자는 억지로라도 새벽마다 교회에 가서 새벽 기도 인도해야 하니까 기도가 전혀 없다고 할 수는 없습니다만 개인 경건으로서의 기도가 부족합니다. 그래서 저녁마다 한 번 더 기도의 시간을 갖자는 것입니다.

사실 저녁 기도는 쉬운 일이 아닙니다. 나가서 심방하고 이런 저런 일을 보다가 집에 일찍 들어오는 일도 쉬운 일이 아니고 현대인들의 라이프스타일이 점점 밤 문화 스타일로 이루어져서 일찍 기도실에 들어가는 것이 쉽지 않습니다.

그래도 저녁에 기도하는 시간이 중요하다는 인식으로 바뀌어야 합니다. 일찍 귀가하여 늦기 전에 기도실에 들어가 기도하며 주님과 씨름하든 교제하든 하는 일이 매일 이루어져야 합니다.

이 저녁 기도에 대하여는 저도 고백할 게 있습니다. 훈련원에서 이렇게 저녁 기도를 하라고 가르치고 나서 물론 나도 저녁 기도를 하는데 힘썼습니다. 그러나 정직하게 반성해 보면 저녁 기도를 드린 날보다 안 드린 날이 많을 지경으로 저녁 기도 생활화가 어려웠습니다.

그러던 어느 날 주님께서 기도생활에 더 충실하라는 도전을 하시는 것을 느껴서 저녁 기도도 1천 번제를 서원하였습니다. 그리고 하루도 빠짐없이 저녁마다 기도하고 다만 저녁에 기도하기 어려운 상황이 올 것이 예상 되는 날에는 미리 앞당겨 오후에 기도하도록 하였습니다. 예상치 못했던 일로 늦게 되면 늦어도 잠을 안 자고서라도 기도하기로 하였습니다.

그리고 비가 오나 눈이 오나 몸이 아플 때라도 기도의 시간을 지키는 노력을 하게 되자 1천일 동안 기도를 하루도 거르지 않고 할 수 있게 되었고 지금은 아예 그것이 생활화 되었습니다.

그리고 이렇게 1천일 번제 하는 심정으로 기도를 해 나가자 주님이 여러 가지로 축복도 주셨습니다. 우선 눈에 보이는 것으로는 새 훈련원으로 확장 이전하게 하셨습니다. 이전의 훈련원보다 10배 넓은 땅으로 주셨습니다. 이것은 기적의 선물입니다.

그리고 영적으로 안정감이 생기고 영적 능력으로 상 주시게 되었습니다. 사역이 훨씬 영감 있고 능력 있게 이루어집니다.

설교할 때 성령이 함께 하셔서 영적 부흥을 일으키시고 병든 자를 고쳐 주시는 일이 자주 일어나는 것을 보게 되었습니다. 기도로 이루어 가는 사역은 보람 있고 감격스러운 것입니다.

셋째, 오전 서재 지키기 입니다.

오전에는 심방이나 회의나 사역을 멈추고 서재에 들어가 성경 연구를 하거나 독서를 하는 라이프스타일을 만들라는 것입니다. 우리는 지금껏 열심히 뛰어 다니면 목회가 잘 되는 것으로 생각하는 경향이 있습니다. 그러나 목회는 뛰어 다닐수록 잘 못하게 됩니다. 엉덩이를 책상 의자에 붙이고 성경을 연구하고 경건서적을 읽고 공부하는 편이 목회의 승리를 위하여 훨씬 효과적입니다. 오전에 부득이 사역을 하게 되면 대신 오후에 서재를 지키는 것입니다. 이 모든 것을 율법주의적으로 하기 보다는 경건 훈련으로 융통성은 있으나 결연한 의지로 만들어 나가는 것입니다. 이곳에서 훈련 받은 한 목사가 대 심방조차도 오후에 하고 오전 지키기를 했습니다. 그리고서 오후에 대 심방을 하므로 몇 집 못하지만 여러 날 걸리는 대신 조금씩 하니까 피곤하거나 지치는 일이 없이 심방하게 되었는데 대 심방을 통하여 가정마다 은혜가 임하고 회개도 일어나는 경험을 하게 되었다고 감격하는 것을 들었습니다.

여러분, 이런 것을 한번 생각해 보십시오. 여러분 교회에 결석자가 생기면 어떻게 합니까? 결석자 심방을 가서 권면하지요. 그랬더니 미안해하면서 다음 주일에는 교회에 왔습니다. 얼마 가다가 또 결석입니다. 그러면 또 결석자 심방합니다. 다시 출석합니다. 가다가 다시 결석합니다. 다시 심방합니다. 다시 출석합니다.

자 언제까지 이런 사역을 해야 합니까? 이런 사역이 되면 어떨까요? 결석자가 생겼습니다. 심방을 갔습니다. 몇 마디 권면하고 기도했습니다. 성령이 임했습니다. 결석자가 뜨거운 마음으로 회개하고 새로워졌습니다. 다시 결석하는 일 없이 열심히 신앙생활을 하게 되었습니다. 이렇게 사역해야 되지 않겠습니까?

말씀 묵상하고 기도하고 서재 지키기로 영성을 풍성하게 하고 성령의 능력으로 사역하게 되어야 합니다.

목회가 건강하기 위해 힘써야 할 부분들을 집중적으로 배울 때 얼마나 도전이 되었는지

고재만 목사 제 21기, 춘천 영락교회

바나바 훈련에 참여하게 된 것은 전혀 예상치 못한 일이었다. 1999년 12월에 춘천에서 열 개 교회 연합으로 부흥회가 열렸는데, 강사가 이강천 목사님 이었다. 이 열 교회는 춘천에 있는 젊은 목회자들의 독서모임에서 시작된 CCF(Chunchon Churches Fellowship)였는데, 연합 부흥회를 계획하던 중 이강천 목사님을 강사로 초청하게 되었다. 집회 중에 소개된 바나바훈련에 대해 두 분 목사님이 반응을 보였고, 그 소식을 듣자마자 "그럼 나도"를 외치게 되었다. 그렇게 급작스럽게 결정되리라고는 생각을 못했다. 그래도 비교적 신중하게 처신하는 나였는데, 그렇게 앞뒤 생각 없이(?) 결단을 내린 일이 별로 없었는데, 이 훈련에 대해서만큼은 오랫동안 기다려온 사람처럼 반응을 했다.

목회를 시작한지 15년이 되었는데, 신학교에서의 훈련 말고는 제대로 된 훈련을 받아본 적이 없어 늘 부족함을 느꼈었다. 말씀 묵상도 몇 번의 도전이 있었지만 지속되지 못하고, 목회 철학에 있어서도 분명하게 선을 긋지는 못했다.

그런 면에서 뭔가 빠진 것 같고, 부족함과 아쉬움이 있었기에 이제는 훈련이 필요하다는 생각이 있었다. 무슨 훈련인가에 대해서만 아직 결정하지 못했을 따름이었다. 막상 바나바훈련을 받겠다고 신청을 했지만, 하고 나니 여러 가지 생각이 나를 혼란스럽게 했다. 이렇게 교회를 많이 비워도 괜찮을까?

이 나이에 훈련을 받는다는 것도 좀 우습지 않을까? 등등. 만약 결정하기 전에 이런 생각을 했다면 아마 지원하지도 못했을 것 같다. 그래서 하나님께서 급하게 결단을 내리게 하신 것 같다.

훈련에 참여하면서 그 동안 가졌던 목회에 대한 강박 관념들이 그 실체를 들어 내었다. 하나님과의 관계는 뒷전이고 어떻게 해서든지 교회성장을 이루려고 매달리다 보니, 정작 경건에 대한 것은 얼마나 형식적이었는가? 그리고 그와 같은 결과에 얼마나 자기 합리화에 빠졌는가를 알 수 있었다.

그래서 가장 기본적인 말씀 묵상과 저녁 기도는 당연한 것이지만 늘 형식에 빠지기 쉬운 그러면서도 삶이 되지 못하는 것이기에, "일천 번제를 서원하라" 했을 때, "그래 이것이 훈련이야"고 서슴없이 서원을 했다. 그런데 이것이 서원이라 하니 열심히 말씀묵상을 했지만, 늘 그랬던 것처럼 형식적이 되어 버릴 때도 있었다. 서원했기 때문에 해야 되는 시간도 있었다.

그러나 그런 위기를 극복한 것이 또한 서원을 했기 때문이다. 서원이 부담스럽지만, 서원 했기에 계속될 수 있었던 것이고, 그리고 이 말씀 묵상과 저녁 기도는 일천 번제로 끝나는 것이 아니라 평생 계속되어야 할 것이란 생각이 그런 위기들을 극복할 수 있었다. 일 년이 지나가는 지금, 남는 것은 바로 이 훈련이었다.

뿐만 아니라 중보기도, 전도폭발, 예배갱신, 제자훈련, 선교 훈련 등등, 목회가 건강하기 위해 힘써야 할 부분들을 집중적으로 배울 때 얼마나 도전이 되었는지. 아울러 그 주제와 관련된 독서는 더욱 깊이를 더해 주었다. 그래서 그 배운 것들을 바로 적용시키려고 애를 썼다. 중보기도와 예배 갱신은 바로 적용되었고, 전도폭발과 제자 훈련 등은 준비 중에 있다.

그런데 이렇게 도전이 된 것을 적용하기 위해 애쓸수록 아쉬움을 느끼는 것은 도전은 되었는데, 그것이 목회에 정착하는 과정에서와 개인의 목회 철학이 되기 위해, 즉 내면화를 위해 많은 시간과 노력이 필요함을 절감하였다. 그러므로 이 훈련을 받으므로 이제 훈련은 끝이 아니겠는가 고 생각했었는데, 더욱 많은 훈련의 여지를 만나게 된 것이다. 그것은 한편으로 더 많은 발전을 기대할 수 있지 않겠는가?

그러므로 바나바훈련을 통하여 더 많은 성장의 여지를 발견하고 부지런히 목회 개발에 힘써야 됨을 깨닫는 기회가 되었다. 뿐만 아니라 성경에 기초하여 이 시대에 필요한 영성에 대한 메시지와 하나님께서 원하시는 교회의 모습과 목회자의 모습을 배우면서, 우리들의 왜곡된 목회로 인한 병적인 요소들과 답답해했던 목회에 대하여 치유를 받은 듯했다. 뿐만 아니라 함께 모여 공동체 생활을 하면서 나누는 삶을 통하여 하나님 안에서의 사랑을

경험하였는데 이것이 훈련에 대한 큰 위로였고 동기부여도 되었다.

이제는 목회에 있어서 성공에 메이지 않고 하나님과의 관계성이 기초한 경건생활에 힘쓰므로 하나님이 기뻐하시는 교회, 건강한 목회를 위한 삶을 살아갈 터전을 마련했다.

지난날처럼 목회의 어려움 속에서 초조하거나 좌절에 빠지지 않고 하나님 바라보며 충성된 종의 삶을 살아갈 것이다. 이 훈련을 받게 하신 하나님께 감사하고, 이 훈련을 위해 힘써주신 이강천 원장 목사님, 나영석 총무 목사님께 감사를 드립니다.

7

그러므로 너희는 이렇게 기도하라

성령사역을
위한 준비 2
기도훈련

주님과 깊은 교제를 위한 영성 훈련의 또 하나의 축은 기도 생활입니다. 영성을 위한 경건생활은 말씀 묵상과 기도로 이루어지는 것이지요. 지금까지 말씀 묵상을 많이 강조하였습니다.

그것은 한국 성도의 체질이 기도는 어느 정도 하는 경우가 많으나 말씀 묵상은 잘 이루어지지 않기 때문에 강조한 것이었습니다. 사실은 말씀 묵상과 기도는 공히 강조되어야 할 영성 라이프스타일입니다. 모든 하나님의 사람들은 기도하는 사람이었습니다. 기도 없이는 영적 삶을 영위할 수가 없습니다.

우리가 하나님의 사람으로 하나님의 일꾼으로 살아가고자 할 때 기도의 사람이 되어야 합니다. 오늘은 기도의 삶을 위한 제안을 해 보기로 합니다.

한국의 목회자들은 새벽기도라는 한국교회의 자랑스러운 전통이 있어 기도를 전혀 안 하는 사람으로는 존재할 수 없도록 되어 있기는 합니다. 그러나 좀 더 진지하게 좀 더 깊이 주님과 교제하고자 하는 마음으로 기도하는 것이 좋을 것입니다.

주기도문의 트랙을 돌며

기도생활을 생각할 때 이미 말씀 드린 대로 매일 저녁 기도를 한 시간 이상 하는 것을 생활화 하는 것이 좋겠는데 한 시간씩 무슨 기도를 하는가? 라고 묻는 분들이 많습니다. 여러 가지를 기도하게 되지요. 그러나 우선은 주님께서 가르치신 기도를 따라 기도하는 것은 가장 좋은 기도 훈련이 될 것입니다. 주기도문의 트랙을 돌고 또 돌고 할 수 있는 것이지요.

9) 그러므로 너희는 이렇게 기도하라 하늘에 계신 우리 아버지여 이름이 거룩히 여김을 받으시오며 10) 나라이 임하옵시며 뜻이 하늘에서 이룬 것같이 땅에서도 이루어지이다 11) 오늘날 우리에게 일용할 양식을 주옵시고 12) 우리가 우리에게 죄 지은 자를 사하여 준 것같이 우리 죄를 사하여 주옵시고 13) 우리를 시험에 들게 하지 마옵시고 다만 악에서 구하옵소서. 나라와 권세와 영광이 아버지께 영원히 있사옵나이다. 아멘 (마태복음 6:9-13).

주기도문을 이용한 기도의 한 예를 들면 이렇게 할 수 있을 것입니다. 개인기도 시에 사용할 수 있습니다.

하늘에 계신 우리 아버지여 이름이 거룩히 여김을 받으시옵소서.

할렐루야, 주님은 찬양 받으시기에 합당하신 하나님이기에 내가 주의 거룩하신 이름을 높이며 찬양합니다. 오! 거룩하신 하나님, 엘엘리온, 지존하신 하나님, 엘 샤다이, 전능하신 하나님, 엘오람, 영원하신 하나님을 찬양합니다. 주는 우주 만물의 창조자시요 나의 창조주이십니다. 오! 위대하신 하나님, 영광의 주님을 찬양합니다.

만왕의 왕이시요 나의 왕, 만주의 주시요 나의 주이신 하나님을 내가 경배하며 찬양합니다. 오! 하나님 아버지 나의 의가 되신 여호와 하나님을 찬양합니다. 나의 죄값을 치루시고 십자가에 피 흘려 나를 사시고 나를 구원하신 주님을 찬양합니다. 나의 거룩이 되사 나의 허물을 씻으시며 성령으로 거룩하게 하시는 여호와 마 카데쉬 하나님을 찬양합니다.

여호와 이레의 하나님 감사합니다. 나를 위해 가장 좋은 사역과 사역지를 예비하시고 선물하신 하나님을 찬미합니다. 여호와 이레의 하나님께서 나의 모든 필요를 위하여 예비하시고 공급하심을 믿고 감사합니다.

여호와 라파, 치료의 하나님을 찬양합니다. 나의 질병을 치료하신 하나님 찬양하며 건강하게 살게 하시는 주님을 찬양합니다. 나의 질병조차 십자가에서 지시고 연약함도 짊어지신 예수님 찬양합니다. 나의 사역 속에 오셔서 치유를 행하시는 성령님을 찬미합니다.

여호와 샬롬, 평강의 하나님을 찬양합니다. 내게 평강을 주시며 나의 가정에 평강을 주시며 이 나라에 평화를 주시는 주님을 찬양합니다.

여호와 삼마, 여기 임재하시는 주님을 찬양합니다. 우리 교회에 임재하시는 주님을 찬양합니다. 우리 교회에 오는 자마다 주님의 임재를 체험하며 감격하게 하시는 주님을 찬양합니다.

여호와 닛시, 승리의 기를 꽂아 주시는 하나님 감사합니다. 어두움의 영들을 이미 이기신 예수님을 찬양하고 나의 삶 속에서도 승리를 주시는 주님을 찬양합니다.

여호와 로이, 나의 목자 되신 하나님을 찬양합니다. 나를 언제나 푸른 초장으로 쉴만한 물가로 인도하시는 주님을 찬양합니다. 내게 부족함이 없게 하시고 늘 인도 하시고 보호하시고 상주시는 하나님을 찬양합니다. 할렐루야, 나의 평생에 주님을 찬양하오니 내 마음과 입술에 새 노래를 주시며 나의 삶과 사역을 통하여 주님의 이름이 천하 만민 가운데서 찬미를 받으시게 되기를 소원합니다.

오! 주님, 주님의 나라가 이 땅에 임하소서.

내 마음에 임하소서. 나를 다스리시고 나로 주의 법을 시행하게 하소서. 나는 주님 주시는 의와 평강과 희락으로 충만하게 하시며 우리 가정에 주님 나라 임하시므로 우리는 주의 백성으로 살고 주님은 우리의 왕이 되소서. 우리 교회에 주님 임하시옵소서. 주님이 다스리시므로 어두움의 영들은 다 묶이고 떠나가게 하시며 오직 주님을 섬기게 하소서. 이 나라에 주님 임하소서. 주님이 통치하소서. 주의 의가 서게 하시고 주님의 권세가 이 땅의 어두움을 몰아내소서. 이 백성들은 주의 권세로 해방되어 주님을 찬송하게 하소서. 주님은 나의 왕이시고, 우리 교회의 왕이시며 이 백성들의 왕이 시오니 주여 임하사 주의 왕국을 세우소서.

주님, 주님의 뜻을 이루소서. 하늘에서 이루신 주님의 뜻이 이 땅에 이루어지게 하옵소서.

주님은 나와 이 백성들의 구원을 뜻하사 대속하시고 인치시고 온 백성이 구원 받기를 뜻하셨습니다. 주님은 각 나라와 각 족속과 각 백성과 각 방언에서 사람들을 피로 사서서 찬양하는 백성을 삼으셨습니다. 이 뜻이 이 땅에 이루어지게 하소서. 그리고 주님의 이 위대하신 뜻을 이루기 위하여 나를 사용하시며 우리 교회를 사용하시어 주의 뜻을 이 땅에 편만하게 이루소서. 주께서 나를 향하신 뜻을 이루시고 나를 통하여 이루고자 하시는 뜻을 이루소서. 나로 주의 뜻을 알아 따르게 하시고 나는 주의 뜻을 이루는 사람으로 살게 하소서.

주님 내게 일용할 양식을 주옵소서.

나에게 양식을 공급하시는 주님을 찬양하며 내게 꼭 필요한 것을 구하여 기도하오니 OOO 이러한 것들을 내게 주옵소서. 나로 영혼의 양식을 배불리 먹게 하시고 또 풍성한 양식을 나누어 줄 수 있게 하소서. 북한 형제들에게도 일용할 양식을, 육의 양식과 영의 양식 모두를 내려 주옵소서. 중국 사람들에게도 영의 양식을 내려 주시고 방글라데시 사람들에게는 육의 양식 영의 양식 모두를 내려 주옵소서. (계속 언급하며 중보기도를 할 수 있습니다)

우리의 죄를 사하소서. 나의 000 죄를 사하소서.

또 나로 용서와 화해의 사람이 되게 하소서. 우리 한국교회 목사들의 교만하고 주님의 말씀에 착념치 아니하고 기도하지 않는 죄를 사하시고 주의 영으로 새롭게 하소서. 한국교회 장로들의 죄를 사하소서. 교만과 아집을 용서하소서. 우리 그리스도인들의 죄를 사하소서. 사회의 빛과 소금이 될 직분을 상실하고 맛 잃은 소금이 된 죄를 용서하시고 회복시켜 주소서.

주여 나로 시험에 들지 않게 하소서.

호시탐탐 노리는 악한 영의 시험에 걸려들지 않게 하소서. 나로 하나님의 말씀과 성령 안에 거하게 하시고 주님의 인도와 보호 아래 있게 하사 악한 자의 시험에 들지 말게 하소서. 나로 악에서 벗어나 자유하게 하시고 악한 자의 올무에 빠지지 않게 하시고 악한 자를 대적하여 이기게 하사 승리의 생활을 하게 하소서. 우리 교인들 중 아무도 시험에 들지 않게 하시며 모두 악한 자에게서 벗어나 승리하게 하소서.

나라와 권세와 영광은 주님의 것이오니 주님 영광 받으시고 나와 우리 교회가 주님의 영광을 보며 주를 찬송하게 하소서.

이 주기도문의 트랙을 따라 다시 반복하여 기도하며 또는 중보기도 할 수 있습니다.

주님 음성 듣는 기도

한국 교회 지도자들은 형식상으로라도 기도는 하는 라이프스타일이고 또 실제로 기도를 많이 하는 경우가 대부분이므로 기도에 대한 모든 것을 언급할 필요는 없고 우리가 부족하다고 느끼는 점들을 다루고 제안하려고 합니다.

우리 목회자들에게 부족한 부분 중 하나가 듣는 기도입니다. 듣는 기도가 뭐 따로 있는 것은 아닙니다만 우리가 기도할 때 주님이 말씀하신다는 사실을 믿고 사모하며 듣고자 하는 태도로 기도하는 일입니다. 듣고자 하는 자세와 듣는 진지함이 필요한 것입니다.

어느 의사가 쓴 수필에 이런 이야기가 있습니다. 하루는 어떤 환자가 찾아와 상담을 하는데 머리끝부터 발끝까지 아픈 증상들을 장황하게 말하는데 상당한 시간 의사는 듣기만 하였답니다. 그런데 그 환자가 자기 이야기를 장황하게 하더니 "이야기를 다 하고 나니까 후련하네." 하면서 의사의 이야기는 듣지도 않고 나가더라는 것입니다.

그리고 그 의사는 그 이야기를 쓰면서 "마치 개신교 신자들이 기도하는 것처럼"이라고 평했습니다. 아마 이 의사도 교회를 다니거나 교회에 대해 좀 아는 사람이었나 봅니다. 개신교 신자들의 기도하는 행태를 알고 있었던 것을 보니까 말입니다.

우리는 이 의사의 평대로 대체로 하나님을 향하여 내 이야기만 많이 하고 주님의 음성을 듣는 일에 약한 면을 가지고 있는 것 같습니다.

우리 목사들은 기도는 하나님과 하는 대화라고 가르치곤 합니다. 그러나 막상 대화로서의 기도에는 빈약하고 일방적으로 하나님께 떼쓰고 요구하는 기도를 많이 합니다.

우리의 기도에서 주님의 음성을 듣는 기도생활이 이루어지도록 훈련해야 하겠습니다. 기도하면서 영적으로 주님의 음성을 들으려고 겸허히 구하고 기다리기도 하고 때로는 묵상하며 기도하기도 하고 또 여쭈어 보기도 하며 주님과 대화로서의 기도를 사모하고 훈련해 보십시오. 그 방법은 정해진 것이 없을 것입니다. 먼저 듣는 기도의 중요성부터 인식해 보십시다.

기도할 때 말씀하시는 하나님

말씀 묵상 외에 어느 때에 하나님이 말씀하시는 것을 또 듣게 됩니까? 기도할 때에도 주님이 말씀하십니다. 기도할 때 우리가 주님과 대화하려고 주님 앞에 나아올 때 주님은 영감을 통하여 우리에게 말씀하시는 것입니다.

　성경에도 보면 하나님의 사람들이 기도할 때에 주님이 말씀하신 예를 자주 볼 수 있습니다.

> 21) 곧 내가 말하여 기도할 때에 이전 이상 중에 본 그 사람 가브리엘이 빨리 날아서 저녁 제사를 드릴 때 즈음에 내게 이르더니 22) 내게 가르치며 내게 말하여 가로되 다니엘아 내가 이제 네게 지혜와 총명을 주려고 나왔나니 23) 곧 네가 기도를 시작할 즈음에 명령이 내렸으므로 이제 네게 고하러 왔느니라. 너는 크게 은총을 입은 자라 그런즉 너는 이 일을 생각하고 그 이상을 깨달을지니라. 24) 네 백성과 네 거룩한 성을 위하여 칠십 이레로 기한을 정하였나니 허물이 마치며 죄가 끝나며 죄악이 영속되며 영원한 의가 드러나며 이상과 예언이 응하며 또 지극히 거룩한 자가 기름부음을 받으리라 (다니엘 9:21-24).

　다니엘이 기도할 때에 하나님은 천사 가브리엘을 보내시어 말씀하셨습니다. 우리가 주님께 나아가는 자세를 취하고 기도하게 될 때, 주님과 교제하려 하여 기도할 때, 주님의 음성을 기다려 기도할 때에 주님이 말씀하시는 것은 자연스러운 일입니다. 주님과 가까워지려면 기도해야 하고, 주님의 음성을 들으며 사역하려면 기도하는 삶이 깊어져야 합니다.

신약에서도 마찬가지로 기도할 때에 성령이 임하시고 하나님께서 말씀하십니다.

5) 가로되 내가 욥바 성에서 기도할 때에 비몽사몽간에 환상을 보니 큰 보자기 같은 그릇을 네 귀를 매어 하늘로부터 내리워 내 앞에까지 드리우거늘 6) 이것을 주목하여 보니 땅에 네 발 가진 것과 들짐승과 기는 것과 공중에 나는 것들이 보이더라. 7) 또 들으니 소리 있어 내게 이르되 베드로야 일어나 잡아먹으라 하거늘 8) 내가 가로되 주여 그럴 수 없나이다. 속되거나 깨끗지 아니한 물건은 언제든지 내 입에 들어간 일이 없나이다 하니 9) 또 하늘로부터 두 번째 소리 있어 내게 대답하되 하나님이 깨끗하게 하신 것을 네가 속되다 말라 하더라 (사도행전 11:5-9).

17) 후에 내가 예루살렘으로 돌아와서 성전에서 기도할 때에 비몽사몽간에 18) 보매 주께서 내게 말씀하시되 속히 예루살렘에서 나가라 저희는 네가 내게 대하여 증거 하는 말을 듣지 아니하리라 하시거늘 19) 내가 말하기를 주여 내가 주 믿는 사람들을 가두고 또 각 회당에서 때리고 20) 또 주의 증인 스데반의 피를 흘릴 적에 내가 곁에 서서 찬성하고 그 죽이는 사람들의 옷을 지킨 줄 저희도 아나이다. 21) 나더러 또 이르시되 떠나가라 내가 너를 멀리 이방인에게로 보내리라 하셨느니라 (사도행전 22:17-21).

베드로 사도도 기도할 때에 주님이 환상을 보여 주시며 말씀
하시는 것을 듣게 되었고(행 11:5) 바울 사도도 기도할 때에 주님
의 음성을 듣게 되었습니다.(행 22:17)

기도는 주님께 나아가는 행위이고 기도할 때에 주님은 우리
를 만나 주시고 말씀 하시고 응답하십니다. 영성 생활은 기도를
통하여 주님을 만나고 주님과 교제하고 주님의 음성을 들으며
주님을 닮아 가는 것입니다.

여러분도 대부분 경험하시겠지만 기도하고 있는 동안 주님이
우리가 잊고 있는 것을 생각나게도 하시고 우리가 꼭 해야 할
일을 가르치시기도 합니다. 기도 중에 받는 계시를 그대로 순종
할 때 귀한 열매가 있게 되는 경험을 하곤 하지 않습니까?

여쭈어 보는 기도

우리는 여쭈어 보는 기도를 통하여 우리의 사역에 지침을 얻
어야 합니다. 말씀 묵상하면서도 잘 이해되지 않는 말씀은 깨우
쳐 달라고 기도하고 어떻게 적용할까를 여쭙고 기도하면서 정
책 결정이나 사역의 방향과 원리 또 방법까지도 일일이 기도하
며 결정해야 합니다. 주님께서도 우리에게 물으라고 말씀하십

니다.

이스라엘의 거룩하신 자 곧 이스라엘을 지으신 여호와께서 가라사
대 장래 일을 내게 물으라 또 내 아들들의 일과 내 손으로 한 일에
대하여 내게 부탁하라 (이사야 45:11).

성경에는 하나님의 사람들이 여호와께 여쭈어 보는 기도를
드린 사실이 샘플로 많이 기록되어 있습니다. 예를 들면 리브가
의 경우가 대표적입니다.

이삭과 리브가는 결혼 후 한동안 아이를 갖지 못했습니다. 그
러다가 이삭이 여호와께 기도하고는 하나님의 응답으로 리브가
가 아이를 갖게 되었습니다. 그런데 이상하게 배 속에서 하나가
아닌 둘 이상이 있어 싸우는 것 같은 느낌이 듭니다. 오늘날 같
으면 초음파 검사라든지 하여 쌍둥이가 들어 있는 것을 금방 알
게 되겠지만 옛날엔 그러한 일도 불가능하였습니다.

그래서 리브가는 여호와께 여쭈어 봤습니다. 그랬더니 주께
서 리브가에게 말씀하여 주시고 가르쳐 주셨습니다. 쌍둥이가
자라고 있다는 것과 더불어 그 둘의 일단의 운명, 큰 자가 작은
자를 섬기게 된다는 사실까지 가르쳐 주었습니다.

22) 아이들이 그의 태 속에서 서로 싸우는지라 그가 가로되 이같으면 내가 어찌할꼬 하고 가서 여호와께 묻자온대 23) 여호와께서 그에게 이르시되 두 국민이 네 태중에 있구나 두 민족이 네 복중에서부터 나누이리라 이 족속이 저 족속보다 강하겠고 큰 자는 어린 자를 섬기리라 하셨더라. (창세기 25:22-23).

이삭은 에서에게 장자와 언약 상속권을 축복하려고 하지만 리브가는 야곱이 그 축복을 받게 하려 합니다. 물론 리브가나 야곱이 인위적인 수단을 강구한 점은 신앙의 미숙한 면이라고 할 수 있지만 리브가가 한사코 야곱에게 축복이 내리도록 하려 했던 것은 이미 임신 중 큰 자가 작은 자를 섬기리라는 하나님의 뜻을 알게 되었기 때문이라고 봅니다.

성경에는 또 여호수아가 여호와께 여쭈어 보지 않고 일을 처리했다가 낭패를 본 이야기도 있습니다. 가나안에 진격해 들어가고 있을 때 기브온 사람들이 살아 남기 위하여 위장을 하고 먼 나라에서 온 사신처럼 하여 여호수아를 속이고 화친 조약을 성사시킵니다.

이때 성경은 여호수아가 여호와께 묻지 아니하고 화친조약을 맺었다고 기술하며 그것이 얼마나 큰 실수였는가를 기록합니다. 대소사를 여호와께 여쭙는 라이프스타일을 훈련해야 합니다.

14) 무리가 그들의 양식을 취하고 어떻게 할 것을 여호와께 묻지 아니하고 15) 여호수아가 곧 그들과 화친하여 그들을 살리리라는 언약을 맺고 회중 족장들이 그들에게 맹세하였더라. 16) 그들과 언약을 맺은 후 삼일이 지나서야 그들은 근린에 있어 자기들 중에 거주하는 자라 함을 들으니라 (여호수아 9:14-16).

성경은 또 다윗이 블레셋과 전쟁할 때 여호와께 여쭙고 전략을 얻어서 승리했다는 기록도 보여 줍니다.

다윗이 여호와께 다시 묻자온대 여호와께서 대답하여 가라사대 일어나 그일라로 내려가라 내가 블레셋 사람을 네 손에 붙이리라 하신지라 (사무엘상 23:4).

23) 다윗이 여호와께 묻자온대 가라사대 올라가지 말고 저희 뒤로 돌아서 뽕나무 수풀 맞은편에서 저희를 엄습하되 24) 뽕나무 꼭대기에서 걸음 걷는 소리가 들리거든 곧 동작하라 그 때에 여호와가 네 앞서 나아가서 블레셋 군대를 치리라 하신지라(사무엘하 5:23-24).

하나님께 여쭈어 보는 기도는 가능하고 또 권장할 일이라고 믿습니다. 우리는 대체로 일방적으로 달라는 기도에는 익숙하지만 여호와께 여쭈어 보는 기도는 익숙하지 못한 경우가 많습니다.

한번은 훈련 받던 H 목사가 자기 교회에 와서 설교해 줄 것을 부탁하였습니다. 설교할 날짜가 가까워지면서 나는 기도실에 들어가 주님께 여쭈어 보았습니다.

"주님 H 목사가 담임하는 K교회에 무슨 설교를 하여야 하겠습니까? 제가 할 수 있는 설교 가운데 어떤 메시지를 가지고 가야 주님 나라 이루고 주님 뜻을 이루고 그 교회에 복이 되겠습니까?"

한동안 여쭙고 기도하는 동안 영감이 왔습니다. 출애굽기 19:5-6, "하나님의 친 백성"이란 메시지였습니다. 곧 담임 목사가 전화를 걸어와 본문과 제목을 달라고 하였습니다. 나는 불러 주었습니다. "출애굽기 19장 5절 6절, 하나님의 친 백성" 그러자 H 목사가 깜짝 놀라는 것이었습니다. 왜 놀라시는가 물었더니 대답하는 말이

"목사님 그 본문과 제목은 훈련원에서 저희들에게 열을 올려 가르치신 내용 아닙니까?"

"그랬지. 훈련원에서 가르친 것은 교회에서 설교하면 안 되나?"

"그런 게 아니고요. 문제는 제가 그 때 뜨거운 은혜를 받아서 그 본문 그 제목으로 지난주일 우리 교회에서 설교했다는 것입니다. 뭐, 또 하셔도 안 될 거야 없겠지요."

"어허 그렇게 되었어? 그렇지만 나 기도하고 받은 영감인데 다시 기도해 볼 테니까 전화 없으면 그대로 하는 줄 알아."

전화를 끝내고 수화기를 내려놓자 옆에서 듣고 있던 아내가 말했습니다.

"여보, 바꿔!" 마치 자기가 하나님처럼 말입니다.

"아니야. 내가 얼마나 진지하게 여쭙고 기도하여 얻은 영감인데 다시 기도하여 확인해 봐야 되겠어."

나는 좀 황당했지만 다시 기도실로 가서 주님께 여쭈어 보면서 기도하였답니다. 그랬더니 여전히 그 설교를 하라는 영감이었지요. 그래서 저는 더 구체적으로 여쭈어 보기로 하였습니다.

그 본문 속에는 "열국 중 소유"가 된다는 메시지와 "제사장 나라"가 된다는 메시지와 "거룩한 백성"이 된다는 메시지가 있는데 이 중 그 교회에 먼저 더욱 필요한 메시지가 무엇인가를 여쭙고 기도하기 시작하였습니다.

한참 기도하는 동안 "첫 번째 메시지를 중심으로 설교하고 두 번째 메시지를 조금 설교하고 세 번째 메시지는 설교하지 말라"
는 영감이 왔습니다.

그리하여 그 주일 저는 설교하였습니다. 확신 가운데서 성령
으로 설교하게 되었습니다. 설교가 끝난 후 목사관에서 차를 나
누는 동안 H 목사 부부에게 물었습니다.

"이번 설교 대회가 어찌 된 것 같아?"

사모가 먼저 대답하였습니다.

"원조가 확실히 낫다는 것을 느꼈습니다."

한 바탕 웃었습니다. 목사가 대답하였습니다.

"목사님, 저는 놀랐습니다. 제가 훈련원에서 강의 들을 때 가
슴에 불이 일어나게 된 메시지는 주로 세 번째 메시지 즉 '거룩
한 백성'에 대한 메시지였고 지난 주에 그 메시지를 설교하였습
니다. 그런데 목사님은 그 메시지는 전혀 손도 안 대고 제가 설
교하지 않은 부분만 설교하시게 되었네요."

이것이야말로 성령께서 가르쳐 주신 절묘한 조화가 아니겠습
니까?

하나님께 여쭙고 기다리는 동안

하나님께 여쭙고 대답을 기다리는 기도가 어떻게 이루어지고

어떻게 주님의 대답을 듣게 되는지 궁금하게 여겨지시죠? 주님의 대답을 기다리는 기도에 어떤 공식이 있는 것은 아닙니다.

첫째는 주님께 여쭐 말씀을 기도한 다음에 잠잠히 주님의 응답을 기다리며 주님을 묵상하고 여쭌 일에 대한 상황을 정리하여 보며 주님의 마음을 느껴 보며 영적 감동, 영감을 기다리는 것입니다.

하박국이 그랬던 것처럼 주님이 말씀 하시기를 기다리며 묵상 기도하는 것입니다.

내가 내 파수하는 곳에 서며 성루에 서리라 그가 내게 무엇이라 말씀하실는지 기다리고 바라보며 나의 질문에 대하여 어떻게 대답하실는지 보리라 그리하였더니 (하박국 2:1).

둘째는 주님이 가르쳐주신 기도, 그 중에서 앞부분 세 가지 기도를 적용하여 반복적으로 묻는 것입니다. 응답의 영감이 올 때까지 같은 언어라도 반복적으로 여쭙는 것입니다.

"하늘에 계신 하나님 아버지, 내가 어떻게 하여야 주의 이름이 거룩히 여김을 받으오리까?"
"주님, 내가 어떻게 하여야 주님 나라 임하리이까?"

"오 하나님, 내가 어떻게 하는 것이 주의 뜻을 이루는 것이 되겠습니까?"

또는 "하나님 아버지, 내가 무슨 설교를 하면 주의 이름이 거룩히 여김을 받으시겠습니까?"

"주님, 내가 무슨 설교를 하는 동안 주님의 나라가 임하시겠습니까?"

"아버지, 내가 무슨 설교를 하면 주의 뜻을 이루겠습니까?"

이와 같이 주기도문 앞의 하나님 관련 부분을 반복적으로 적용하여 여쭈어 보는 것입니다. 결국 하나님의 뜻을 묻는 기도를 드리는 것인데 영감으로 응답될 때까지 그렇게 기도하고 있으면 주님이 영감으로 말씀하시는 것입니다.

주는 나의 하나님이시니 나를 가르쳐 주의 뜻을 행케 하소서 주의 신이 선하시니 나를 공평한 땅에 인도하소서 (시편 143:10).

9) 그러므로 너희는 이렇게 기도하라 하늘에 계신 우리 아버지여 이름이 거룩히 여김을 받으시오며 10) 나라이 임하옵시며 뜻이 하늘에서 이룬 것같이 땅에서도 이루어지이다 (마태복음 6:9-10).

셋째는 방언으로 기도하는 것입니다. 여쭐 내용을 우리말로 하나님께 아뢰고 주님의 응답을 기다리는 동안은 방언으로 기도하며 주님을 묵상하는 동안 영감으로 응답하시는 것을 알게 됩니다. 방언 기도는 이렇게 주님께 여쭙고 주님의 응답을 기다리며 주님을 묵상하는데 대단히 유익한 기도의 은사입니다.

방언을 말하는 자는 사람에게 하지 아니하고 하나님께 하나니 이는 알아듣는 자가 없고 그 영으로 비밀을 말함이니라 (고전 14:2).

한번은 캐나다 토론토에서 한인 목회자 몇 사람과 영성제자 훈련을 하고 있었습니다. 하루는 훈련 장소로 쓰고 있는 기도원 원장께서 현재 기도하러 온 청년이 있는데 기도 응답이 없다고 투덜대는데 자기로서는 상담하여도 어떻게 해야 될지 모르니 날더러 상담을 해 줄 수 있느냐고 부탁하였습니다. 저는 몸도 약한 때에 간신히 목회자 훈련에 정성을 쏟고 있는 터라 그 일까지는 하기 어렵다고 거절하였습니다.

다음날 아침 말씀 묵상을 하는데 "연약한 자를 돕고"라는 말씀을 묵상하며 내가 도와야 할 연약한 자가 누구입니까? 여쭙고 기도하는데 "그 청년을 도우라" 하는 음성이 들려왔습니다. 그래서 나는 그 바쁜 일정 가운데서 그에게 줄 시간도 체력도 적으니 단 시간에 효과적으로 상담하고 싶어서 이번에는 간절히 주님께 여쭈어 보는 기도를 하게 되었습니다.

"주님, 그 청년의 문제가 무엇입니까? 어떻게 하면 효과적인 상담이 됩니까?"

이렇게 기도하면서 방언으로 기도하며 영감을 기다리고 청년을 그려보았습니다. 얼굴도 본 적 없고 이름도 모릅니다. 성령께서 그의 문제를 가르쳐 주시기를 기다리며 기도한 것입니다.

"그 청년은 구원문제부터 불확실하니 구원상담부터 시작하라"는 영감을 주셨습니다. 그래서 "그 청년을 도와주라. 그 청년은 구원의 확신조차 없으니 구원 상담부터 시작하라."고 묵상일기에 적었습니다.

그리고는 찬양예배를 드리고 나서 공부하기에 앞서 그 청년을 불러오라고 하였습니다.

마침 그날 강의할 내용이 새 신자에게 어떻게 구원의 확신을 심어줄 것인가와 기도를 가르칠 것인가 등 새 신자 양육에 관한 강의를 할 차례였습니다.

청년이 들어왔습니다. 인사를 나누고 우선 여기 한 그룹의 목사님들이 공부 중인데 형제를 도우라는 주님의 감동이 있어서 상담하려 하니 상담 중 목사님들이 한 방에 있어도 괜찮겠는지를 물었습니다. 의외로 좋다고 대답하였습니다.

그래서 목사님들이 지켜보는 가운데 청년을 상담하는데 아닌게 아니라 구원의 확신조차 없었습니다. 그래서 구원 상담을 하고 복음제시를 하고 재 결신을 시키고 확신시키며 기도하는 법까지 가르쳐 주었습니다.

그는 대단히 기뻐하며 확신을 얻었습니다. 그래서 배운 대로 기도해 보자고 하였더니 "그런데 내가 기도하면 왜 응답이 없습니까?"라고 하는 원래의 질문을 하는 것이었습니다.

그래서 저의 묵상일기 노트를 보여 주었습니다.

"이것이 응답이 아니고 무엇이겠나? 하나님이 오늘 아침 형제를 도우라고 내게 지시하셨네. 하나님이 형제의 기도를 응답하신 것이지. 형제가 잘못 알아들으니까 나에게 말씀하셔서 도우라 하신 것일세."

"하나님이 나를 도우라고 목사님께 말씀하셨다고요?"

"그렇다네."

"어 그러면 응답하신 것 아니야?"

"그렇지 이제 확신을 가지고 기도하고 응답을 받는 복된 삶을 누리게 될 것일세."

이렇게 해서 새 신자 구원 상담과 기도하는 법을 강의로서가 아니라 실제 실습으로 보여줌으로서 오전 강의를 끝내게 되었습니다. 이렇게만 사역이 이루어진다면 얼마나 멋지고 효과적인 사역이 되겠습니까? 그날 아침에는 진지하게 말씀 묵상하고 우리가 주님의 음성을 듣고자 하여 기도할 때 들려오는 음성은 세 가지 가능성이 있습니다.

첫번째는 자신의 잠재의식 속에 잠재되어 있던 소리를 마치 주님의 음성으로 착각할 수 있습니다. 두번째는 마귀가 주는 음성이 있을 수 있습니다. … 주님의 음성이 들려올 때는 조금이라도 의심스러운 경우에는 여러 차례 주님께 되묻고 말씀의 원리에 어긋남이 없는지 살펴보는 노력이 필요합니다. 세 번째는 성령의 음성입니다. 우리는 성령의 음성을 듣고자 하는 것입니다. … 우리가 욕심에 이끌리거나 순수하지 못하거나 주님을 향한 마음이 온전하지 못하면 주님의 음성을 듣지 못하거나 잘못 들을 확률이 커집니다.

여쭙는 기도를 한 재미를 톡톡히 본 것이지요. 여쭙는 기도를 드리고 영감의 응답을 받으며 일한다는 것은 축복이 아닐 수 없습니다.

주님 음성 듣고자 할 때 유의 사항

다만 주님의 음성을 듣고자 하면 우리가 거룩한 삶을 살아야 하고 욕심에 이끌리지 말아야 합니다. 주님의 음성을 기도 중에 현재적으로 듣는다는 것은 어디까지나 주관적인 경험이기 때문에 때때로 객관성을 상실할 수도 있고 잘못 들을 수도 있는 것입니다. 물론 우리가 주님과 깊이 교제하다 보면 양들이 목자의 음성을 알듯이 우리가 주님의 음성을 알고 분별하게 되는 것이 보통이지만 만의 하나라도 잘못 듣는 경우도 있음을 미리 경고해 두고 싶습니다.

우리가 주님의 음성을 듣고자 하여 기도할 때 들려오는 음성은 세 가지 가능성이 있습니다.

첫번째는 자신의 잠재의식 속에 잠재되어 있던 소리를 마치 주님의 음성으로 착각할 수 있습니다. 이러한 경우 욕심에 이끌리는 경우가 있을 수 있습니다. 그러나 선한 경우라면 온전히 분별이 안 되어도 따라 볼 필요가 있습니다.

두번째는 마귀가 주는 음성이 있을 수 있습니다. 영적으로 건강하고 성경 말씀의 원리를 이해하고 있는 사람들에게 이러한 예는 많지 않지만 그래도 있을 수도 있습니다. 그러므로 주님의 음성이 들려올 때는 조금이라도 의심스러운 경우에는 여러 차례 주님께 되묻고 말씀의 원리에 어긋남이 없는지 살펴보는 노력이 필요합니다.

세 번째는 성령의 음성입니다. 우리는 성령의 음성을 듣고자 하는 것입니다. 그러므로 우리가 성령의 음성을 듣기 위하여 거룩하고 청결한 마음, 욕심에 이끌리지 않는 마음, 분노나 증오로 뒤틀리지 않은 마음을 지니고 살아야 합니다. 우리가 욕심에 이끌리거나 순수하지 못하거나 주님을 향한 마음이 온전하지 못하면 주님의 음성을 듣지 못하거나 잘못 들을 확률이 커집니다.

한번은 서울신대 교수 시절 한 여학생으로부터 상담요청을 받았습니다. 내용인즉 자기는 기도만 하면 OOO 남학생과 결혼하라는 음성이 들린다는 것입니다. 그런데 그 남학생에게 접근해 보면 벽을 느낀다는 것입니다. 그래서 애타는 마음을 어찌해야 좋을지 모르겠다는 것입니다. 며칠 기도해 보자고 답을 미루었습니다.

그러는 사이 또 다른 여학생이 찾아 왔습니다. 그 여학생도 똑 같은 내용의 상담이었습니다. 그런데 놀란 것은 그 상대 남학생이 같다는 것이었습니다. 어떻게 성령께서 두 여학생에게 한 남학생과 결혼하라고 하신단 말입니까?

이런 경우는 이미 두 여학생 모두 그 남학생과 결혼 하고 싶은 욕심에 이끌리었기 때문에 일어나는 현상입니다. 이는 극단적인 예입니다만 우리가 이미 욕심을 품고 있으면 마치 성령의 음성이 내 욕심 쪽으로 들려오는 것처럼 듣게 되는 것입니다. 사실은 욕심에 이끌려 미혹되는 것이지요.

주님 앞에 순수하고 욕심 없는 마음으로 순종하기 원하여 주님께 여쭙고 응답을 기다린다면 주님은 우리가 여쭙는 것의 많은 부분을 응답하십니다.

마음이 청결한 자는 복이 있나니 저희가 하나님을 볼 것임이요 (마태복음 5:8).

깨끗한 자에게는 주의 깨끗하심을 보이시며 사특한 자에게는 주의 거스리심을 보이시리니 (시편 18:26).

모든 사람으로 더불어 화평함과 거룩함을 좇으라. 이것이 없이는 아무도 주를 보지 못하리라 (히브리서 12:14).

14) 오직 각 사람이 시험을 받는 것은 자기 욕심에 끌려 미혹됨이니 15) 욕심이 잉태한즉 죄를 낳고 죄가 장성한즉 사망을 낳느니라 (야고보서 1:14-15).

하나님을 가까이 하라 그리하면 너희를 가까이 하시리라 죄인들아 손을 깨끗이 하라 두 마음을 품은 자들아 마음을 성결케 하라 (야고보서 4:8).

이외에 개인기도 훈련을 위한 몇 가지 참고를 말씀 드리겠습니다.

성령인도 기도연습

어떤 때는 우리가 생각하는 기도 제목을 다 내려놓고 성령님께 무슨 기도를 드리기를 원하시는지 어떤 기도를 하면 좋겠는지를 여쭈어 보며 영감과 생각을 주시는 대로 기도하는 연습이 유익할 때가 있습니다. 이때는 늘 뱅뱅 도는 우리의 일상적 기도 제목을 떠나 더 넓고 더 깊은 기도로 인도함 받는 연습이 되기 때문입니다. 성령인도 기도연습은 다음과 같이 할 수 있습니다.

1) 내려놓으라

지금까지의 모든 염려 근심 걱정, 기도 제목 다 내려놓는 것입니다. 우리 마음을 백지 상태로 성령님께 내어 놓기로 생각하는 것입니다. 마음을 비우는 것입니다.

2) 성령님을 초대하라

이제 성령님을 마음속에 초대하며 성령님께 의존하여 성령님이 가르치는 대로 기도하고 싶다고 말씀 드리고 성령님의 인도를 구하십시오.

3) 하늘로 오르라

영적 상상력을 동원하여 하늘로 날아올라 보십시오. 하나님이 보는 대로 세상을 볼 수 있게 해달라고 기도하며 보여 달라고 기도합니다.

4) 내려다보아라

하나님이 이 세상을 어떻게 보고 계실지를 묵상하며 세상을 영적인 눈으로 내려다봅니다. 먼저 지구본을 평소에 보아 둔대로 지구 전체를 내려다봅니다. 하나님의 마음이 어디에서 아파하고 어디서 치유하고 복 주시기를 원하시는지 느껴 봅니다.

어느 나라 어느 민족을 둘러볼 때 하나님의 마음을 느끼는지 성령께서 부담을 느끼게 하는지 느껴 봅니다.

세계를 둘러보았으면 그 범위를 좁혀 우리나라와 민족과 사회를 보며 무엇이 기도해야 할 과제인지 느껴 봅니다. 어떤 사람은 어린이들이 영적속박 아래 있는 모습을 느끼며 어린이들을 위하여 기도하기도 하고 어떤 이는 방황하는 청소년들이 보여 그들을 위하여 기도하기도 합니다. 그 다음에는 더 좁혀서 우리의 조국 한국 교회의 실상을 보며 하나님께 기도하여야 할 과제를 느껴 보며 기도합니다. 그리고 우리 도시와 우리 교회 그리고 자신의 가정과 자기 주변까지 둘러보며 기도해야 할 과제를 느껴 봅니다.

5) 성령님이 주시는 부담을 느껴보아라

이렇게 묵상하며 영적인 눈으로 돌아보면서 성령께서 기도하도록 부담을 주시는 것들을 느껴봅니다.

6) 그 부담을 가지고 기도하라

그 성령님이 느끼게 하는 거룩한 부담을 가지고 중보기도를 드리는 것입니다. 이러한 기도를 연습하면 우리의 기도의 폭이 넓어집니다. 늘 뱅뱅 도는 기도에서 폭넓은 기도의 세계로 인도함을 받는 연습이 되는 것입니다.

성경 묵상 적용 기도

한 가지 더 추천할 수 있는 기도 연습은 성경 묵상 적용 기도입니다. 성경을 펴고 읽어 나가면서 그 말씀을 붙들고 기도하는 것입니다.

방언 기도

기도가 잘 안 되거나 방향이 안 잡히면 그때는 무조건 방언으로 기도합니다. 방언으로 기도하다 보면 성령의 영감에 의하여 기도의 줄이 잡히고 기도의 문이 열리고 기도가 방향을 타고 달려 나아가게 됩니다.

시간이 되는 대로 기도실에서만 이 아니라 운전하면서 걸어가면서 다른 일 하면서도 방언으로는 기도할 수 있고 기도하는 만큼 영감이 풍성해 집니다. 이제 중요한 것은 끊임없는 기도를 생활화 하는 것입니다.

가능한 한 주님과의 대화와 교제로서의 기도를 하려고 사모하고 구하면서 주님 앞에 매일 나아가는 기도의 삶이 연습되어야 합니다.

변화된 남편을 바라보며

정모승 사모 주사랑교회

바나바 훈련원을 통해 주신 말씀은 내 남편과 교회를 만져주셨다.

어떤 한마디로 "이렇게 하라" 는 구체적인 제시는 없었지만 내 마음속 깊은 폐부까지도 말씀으로 조명 되고 변화 시키며 치료하기 시작했다.

여기가 천국이었을까 ? 마음을 다하여 주를 찬양하고 주님 발 앞에 앉아 말씀을 듣던 마리아의 모습처럼 우리도 그렇게 말씀 앞에서 우리 자신과 주님이 하나가 되는 체험을 했던 그 순간은 분명 천국 이였다.

물론 집회 때마다 그랬듯이 주님이 예비하신 은혜가 있으리라는 생각으로 훈련원을 향하였다. 출발하기 전과제로 주어진 "목회자의 아내가 살아야 교회가 산다" 라는 책을 읽기 시작하면서부터 내 마음은 일렁이기 시작하였다.

"사모" 라는 자리가 때로는 영광스럽기도 하지만 꼭 맞지 않는 옷을 입고 있는 듯 한 어색함도 있었다. 그러면서도 최선을 다해야겠다는 생각 때문에 이리 저리 열심히 뛰었다. 그러던 가운데 만난 이 책은 사모로써 내가 교회 안에서 어느 곳에 서야 하는지 명확히 알려 주었고   그리고 그 자리가 얼마나 소중한 것인지도 깨닫게 해 주었다.

이 책으로 나의 마음은 열려져 있었고 이 열려진 문으로 3박4일의 바나바 사모 단기 훈련은 그 어떤 집회보다 강렬한 은혜로 다가 왔고 나의 잘못된 자아를 무너뜨리기 시작했다. 다른 어느 세미나의 어떤 방법론적인 것과는 달리 온전히 찬양과 말씀의 연속이었다. 어떤 한마디로 "이렇게 하라" 는 구체적인 제시는 없었지만 내 마음속 깊은 폐부까지도 말씀으로 조명 되고 변화 시키며 치료하기 시작했다.

용서에 대한 부분에서는 내가 상상하지도 못했던 아주 세미한 부분까지도 주님은 다 드러내셨다. 그리고 회개케 하셨다. 나는 하염없는 회개의 눈물을 흘렸고 내 뱃속에서부터 무언가 응어리 같은 것이 위로 올라 옮을 느끼는 순간 그것은 내 입을 통해 토해져 나왔다. 그래서 나는 놀라며 입을 만졌지만 아무런 이 물질도 만져지지 않았다.

그러나 분명 나는 몸으로 그것을 느꼈다. 그리고서 내게는 말할 수 없는 시원함과 평안함이 찾아왔다. 잠시 후 불이 켜지고 눈물이 범벅이 된 얼굴로 서로를 바라보았다. 그리고 한없이 큰 소리로 웃었다. 이유는 알 수 없지만 분명 용서하고 용서함을 받은 자유 함에서 얻은 기쁨의 웃음이었으리라 나의 남편은 바나바 훈련원으로 향할 때마다 그는 개척 2년 동안 쉼 없이 뛰었던 그 피곤함과 월요일의 나른함으로 출발하곤 했다. 그러나 일정을 마치고 돌아올 때마다.

그는 상기된 얼굴로 흥분을 감추지 못했고 그 횟수가 거듭됨에 따라 그는 변화하기 시작했다. 개척 이후 우리 교회는 너무나 빠른 속도로 성장했고 어려움 없이 교회가 세워져 갔다. 그런 남편과 나는 지치기 시작했고 주님은 이런 우리를 가만 두지 않으셨다.

바나바 훈련원으로 인도하셔서 생수와 같은 말씀의 물을 마시게 하시고, 지쳐 쓰러진 다니엘에게 인자 같은 것이 와서 만져줌으로 다니엘이 새 힘을 얻듯이 바나바 훈련원을 통해 주신 말씀은 내 남편과 교회를 만져주셨다. 교회에서는 중보 기도의 역사가 일어나기 시작했고 여기저기서 기도 소리가 울러 퍼지기 시작했다. 교회를 위해, 목회자를 위해, 구원 받아야 할 영혼을 위해 주님은 역사 하셨다. 전혀 불가능하게 여겨졌던 불신자 가정들이 그 중보기도를 통해 돌아오기 시작했다. 할렐루야! 훈련을 마치고 돌아와서 난 남편과 아이들에게 용서를 구하였다. 내가 그들에게 주었을 상처 때문에 그리고 성도들에게 그들을 위한 중보자가 되겠노라 약속했다. 그들은 그것을 기쁘게 받아들였고 얼굴이 환하여 졌다. 오늘도 난 남편과 함께 말씀 묵상을 하고 나누며 하루를 시작한다. 그러나 내가 완전히 변화되어 주님의 온전한 사람이 된 것은 아니다. 그러나 바나바가 주었던 3박4일의 압축된 은혜는 나를 쳐서 복종시키기에 충분한 것이었다. 끝으로 말씀을 전하실 때면 청년처럼 반짝이는 눈으로 삶을 나누어 주시던 이강천 목사님과 찬양을 하실 때 천사처럼 얼굴이 환해지시던 나영석 목사님 그리고 3박4일간의 일정을 조그만 부분까지도 섬김으로 보내셨던 사모님들의 모습을 잊을 수 없다.